みんなの日本語
初級I 第2版

Minna no Nihongo

Niveau débutant I
Traduction & Notes grammaticales — Version française

翻訳・文法解説
フランス語版

スリーエーネットワーク

© 1999 by 3A Corporation

All rights reserved. No part of this publication may be reproduced, stored in a retrieval system or transmitted in any form or by any means, electronic, mechanical, photocopying, recording, or otherwise, without the prior written permission of the Publisher.

Published by 3A Corporation.
Trusty Kojimachi Bldg., 2F, 4, Kojimachi 3-Chome, Chiyoda-ku, Tokyo 102-0083, Japan

ISBN978-4-88319-645-6 C0081

First published 1999
Second Edition 2013
Printed in Japan

Préface

Comme l'indique son titre ***Minna no Nihongo***, le présent ouvrage a été conçu et rédigé, pendant plus de trois ans, pour que tous ceux qui apprennent pour la première fois la langue japonaise puissent l'étudier avec beaucoup de plaisir et pour que les enseignants puissent l'utiliser avec intérêt. C'est un manuel complet considéré comme le volume frère de ***Shin Nihongo no Kiso***.

Comme on le sait, ***Shin Nihongo no Kiso*** est un manuel conçu pour les stagiaires techniques. Mais son utilisation est bien étendue non seulement au Japon mais aussi à l'étranger, car grâce à son contenu bien conçu en tant que matériel pédagogique pour les débutants, il est extrêmement efficace pour ceux qui veulent apprendre rapidement la conversation japonaise.

L'enseignement de la langue japonaise s'est de plus en plus diversifié ces derniers temps. Avec le développement des relations internationales, les échanges de ressources humaines entre le Japon et l'étranger s'intensifient et les étrangers venant de divers horizons et ayant divers buts s'intègrent dans la société locale du Japon. Le changement de l'environnement social relatif à l'enseignement du japonais dû à un tel accroissement du nombre d'étrangers influence la situation de l'enseignement du japonais. Il en résulte alors une diversification des besoins sur le plan de l'étude et la nécessité de répondre individuellement à ceux-ci.

C'est dans ce contexte que 3A Corporation a décidé de publier ***Minna no Nihongo***, afin de répondre aux opinions et aux demandes de nombreuses personnes qui exercent depuis longtemps l'enseignement du japonais au Japon et à l'étranger. Donc, tout en conservant les caractéristiques de ***Shin Nihongo no Kiso***, les points essentiels à apprendre ainsi que la facilité de méthode d'apprentissage présentée par ce dernier, ***Minna no Nihongo*** est plus universel et en accord avec la diversité des apprenants grâce à une amélioration apportée dans les scènes de conversation et les personnages qui apparaissent dans celles-ci. Son contenu riche et bien travaillé permet donc à tous les apprenants, quels que soient leur pays et région d'origine, de continuer leur apprentissage du japonais agréablement.

Minna no Nihongo est destiné aux étrangers qui ont besoin immédiat de communiquer en japonais dans des situations professionnelles ou familiales, ou bien à l'école ou dans une communauté locale. Il s'agit d'un matériel pour les débutants, mais nous avons fait refléter autant que possible dans les scènes de conversation tenue par les locuteurs étrangers et japonais, les circonstances japonaises et la vie sociale au Japon ainsi que la vie quotidienne des Japonais. Ceux qui font l'objet du manuel sont essentiellement des adultes mais il est aussi recommandé comme manuel pour les cours préliminaires d'entrée à l'université ou pour les cours intensifs dans les écoles techniques et les universités.

3A Corporation va continuer à créer de nouveaux matériels pour faire face à la diversité des élèves et aux besoins de chacun. Nous les prions de bien vouloir continuer à nous honorer de leur soutien.

Pour terminer, nous voudrions remercier sincèrement tous ceux qui nous ont accordé leur collaboration sous forme de conseils ou pour l'utilisation expérimentale du manuel dans des classes à l'occasion de la rédaction de ce dernier. 3A Corporation a l'intention de continuer à élargir au monde entier un réseau de relations humaines à travers des activités telles que la publication de matériel d'enseignement de la langue japonaise.

Nous vous prions de bien vouloir nous honorer de votre soutien et de vos encouragements.

Mars 1998
3A Corporation
Président Directeur Général
Iwao Ogawa

Préface de la seconde édition

À l'occasion de la publication de ***Minna no Nihongo*** - Niveau débutant (seconde édition)

Nous avons le plaisir de vous présenter ***Minna no Nihongo*** - Niveau débutant Seconde édition. Comme nous l'avions mentionné dans la préface de la première édition, ***Minna no Nihongo*** - Niveau débutant est présenté par son auteur comme le volume frère de ***Shin Nihongo no Kiso***. Il est cependant plus général que ce dernier conçu pour les stagiaires techniques.

La première édition de ce présent ouvrage a été publiée en mars 1998. Cette époque, marquée par le développement des relations internationales entre le Japon et le reste du monde, changea l'environnement social de l'enseignement du japonais. Ce changement avait pour conséquence l'accroissement rapide du nombre d'apprenants, la diversification des objectifs et des besoins pour apprendre la langue ainsi que l'augmentation de la demande pour faire face à une telle diversification de l'enseignement. 3A Corporation a donc publié ***Minna no Nihongo*** - Niveau débutant Première édition afin de répondre aux remarques et aux demandes de nombreux enseignants du japonais, qu'ils soient au Japon ou à l'étranger.

Minna no Nihongo - Niveau débutant Première édition est apprécié par les utilisateurs en raison de son contenu pédagogique, de la clarté de sa méthode d'apprentissage et de son universalité, répondant à la diversité des apprenants. Il est également réputé pour sa très grande efficacité pour ceux qui veulent apprendre rapidement la conversation japonaise, grâce à un contenu très étudié et universel. C'est pour toutes ces raisons que ce manuel a été utilisé pendant plus de dix ans. Cependant «la langue» vit et évolue avec son époque. Lors de la rédaction de ce manuel, le monde et le Japon se trouvaient dans une période très mouvementée, et depuis quelques années, l'enseignement du japonais et les apprenants ont beaucoup changé.

Compte tenu de ces évolutions et afin d'apporter une plus grande contribution à l'enseignement du japonais aux étrangers, 3A Corporation a procédé à la révision et à un remaniement partiel de ***Minna no Nihongo Shokyu I*** et ***II***, en s'appuyant sur son expérience de publication, d'organisation de séminaires ainsi que les opinions, remarques et demandes des utilisateurs que nous avons étudiées et incorporées à cette version.

Cette réédition consiste essentiellement en le remplacement des lexiques et des scènes devenus obsolètes et inappropriés à notre époque. Tout en conservant la structure de notre méthode caractérisée par «la facilité de l'apprentissage et de l'enseignement», nous avons pris en compte les remarques des apprenants et des enseignants du japonais. Le nombre d'exercices et de questions a ainsi été augmenté. Nous avons aussi veillé à ce que les apprenants ne fassent pas passivement leurs exercices en suivant les consignes, mais nous avons renforcé la mise en situation pour que le locuteur puisse juger du contexte lui-même et réfléchir avant de s'exprimer. C'est aussi dans ce but que nous avons multiplié le nombre de dessins.

Nous tenons à remercier sincèrement ceux qui ont apporté leur contribution sous la forme de remarques, d'avis, de conseils dans tous les domaines et dans l'expérimentation du manuel en classe. 3A Corporation a l'intention de continuer à être utile et à développer le matériel qui contribue, non seulement à apprendre la communication nécessaire aux apprenants, mais à l'échange international des ressources humaines.

Nous vous prions de bien vouloir nous honorer de votre soutien et de vos encouragements.

Juin 2012
3A Corporation
Président Directeur Général
Takuji Kobayashi

Notes explicatives

I. Structure du manuel

La méthode *Minna no Ninongo* Seconde édition *shokyu* (niveau débutant) *I* est composée d'un livre principal (avec un CD) et d'une partie Traduction & Notes Grammaticales. Il est prévu que la partie Traduction & Notes Grammaticales soit disponible dans 12 langues, en commençant par la version en anglais.

Ce manuel vise à aider les apprenants à acquérir les quatre compétences, à savoir parler, écouter, lire et écrire. Toutefois, l'apprentissage des écritures telles que les hiragana, les katakana et les kanji ne fait pas l'objet du livre principal ni de Traduction & Notes Grammaticales.

II. Contenu

1. Livre principal

1) Prononciation du japonais

Cette section donne les exemples principaux sur les points importants concernant la prononciation du japonais.

2) Expressions utilisées en classe, salutations quotidiennes et nombres

Cette section présente la liste de mots et de phrases utilisés dans une classe ainsi que les salutations courantes.

3) Leçons

Il y a 25 leçons dont le contenu est le suivant:

① Structures-clés

Les structures des phrases fondamentales à apprendre dans chaque leçon sont présentées dans cette section.

② Phrases-type

Les structures de phrase fondamentales sont présentées sous la forme de dialogue court afin de montrer leur utilisation dans un contexte réel. Sont présentés également d'autres points à apprendre outre les phrases-type, tels que les adverbes et les conjonctions, etc.

③ Conversation

Dans les conversations, les personnages étrangers vivant au Japon apparaissent dans diverses scènes de la conversation. Les conversations contiennent, en plus des points à apprendre dans chaque leçon, des expressions courantes telles que les salutations utilisées dans la vie quotidienne. S'ils ont le temps, les élèves peuvent développer les conversations en utilisant le vocabulaire de référence qui se trouve dans

Traduction & Notes Grammaticales.

④ Exercices

Les exercices sont divisés en 3 phases: A, B et C.

Les exercices A sont présentés en tenant compte de l'effet visuel afin d'aider les apprenants à comprendre facilement la structure grammaticale. Ils sont conçus pour faciliter l'apprentissage de la conjugaison, des combinaisons ainsi que la maîtrise des structures-clés.

Les exercices B visent à consolider l'apprentissage des structures-clés par le biais de divers exercices. Les numéros d'exercice marqués d'une flèche (➡) indiquent que les exercices utilisent des illustrations.

Les exercices C sont conçus pour développer les compétences de communication: il s'agit d'effectuer une conversation en substituant les parties soulignées. Toutefois, afin que ces exercices ne soient pas que de simples exercices de substitution mécanique, nous avons évité d'utiliser des mots de substitution dans la mesure du possible.

Ainsi, les apprenants peuvent imaginer librement des différentes conversations à partir d'une illustration.

Les modèles de réponse des exercices B et des exercices C sont disponibles en annexe.

⑤ Questions

Il y a trois types de questions, à savoir de compréhension orale, de grammaire et de compréhension écrite (lecture). Les questions de compréhension orale sont composées de deux types de question: les questions pour répondre à des questions courtes et les questions pour saisir les points essentiels après avoir écouté des conversations courtes.

Les questions de grammaire consistent à confirmer la compréhension du vocabulaire et des points de grammaire. Concernant les questions de compréhension écrite, les apprenants effectuent diverses formes de tâches après avoir lu un texte simple utilisant le vocabulaire et la grammaire appris.

⑥ Révision

La section Révision, disponible dans certaines leçons, permet aux élèves de revenir sur l'essentiel des points appris.

⑦ Résumé des adverbes, des conjonctions et des expressions de la conversation

Les questions, présentées dans cette section, ont été conçues pour permettre aux apprenants de réviser les adverbes, les conjonctions et les expressions de la conversation présentés dans ce manuel.

4) Formes des verbes

Cette section présente un tableau contenant les formes verbales et les diverses formes qui suivent les verbes appris dans ce manuel.

5) **Tableaux récapitulatifs des points-clés d'apprentissage**

   Les points-clés d'apprentissage essentiels dans ce manuel sont répertoriés à partir des exercices A. Les tableaux montrent comment les exercices A sont reliés aux autres parties, qui sont les structures-clés, les phrases-type, les exercices B et les exercices C.

6) **Index**

   Il comprend les expressions utilisées dans la classe, les formules de salutations quotidiennes et des expressions de la conversation, ainsi que les mots et les expressions avec le numéro de leçon où ils sont apparus pour la première fois.

7) **CD d'accompagnement**

   Dans le CD d'accompagnement, les conversations et les questions de compréhension orale de chaque leçon sont enregistrées.

2. Traduction & Notes grammaticales

1) Explication sur les caractéristiques générales de la langue japonaise, l'écriture japonaise et la prononciation de la langue japonaise

2) Traduction des expressions utilisées dans la classe et des formules de salutations quotidiennes et des expressions utilisées dans une conversation

3) De la leçon 1 à la leçon 25

   ① Nouveau vocabulaire et sa traduction

   ② Traduction des structures-clés, des phrases-type et des conversations

   ③ Vocabulaire de référence utile pour l'apprentissage de chaque leçon et informations sommaires sur le Japon

   ④ Explications grammaticales sur les structures-clés et les expressions

4) Récapitulatifs sur les nombres, les expressions temporelles et relatives à la période, les auxiliaires numéraux et les conjugaisons (flexions) verbales.

III. Temps nécessaire pour l'apprentissage

À titre d'indicatif, de 4 à 6 heures par leçon, soit 150 heures au total, seront nécessaires pour finir ce manuel.

IV. Vocabulaire

Ce manuel présente environ 1000 mots, qui sont, pour la plupart, très couramment utilisés dans la vie quotidienne.

V. Quelques notes sur l'usage de Kanji

Les kanji utilisés dans ce livre sont en principe sélectionnés de la liste de kanji pour l'usage quotidien (joyo kanji) proclamée par le cabinet en 1981.

1) 「熟字訓」(mots formés de plus de deux kanji et qui sont prononcés d'une manière spéciale) qui figurent dans l'annexe de la liste de joyo kanji sont écrits en kanji.

Ex. : 友達 ami　　果物 fruit　　眼鏡 lunettes

2) Pour les noms propres tels que les noms de pays, les noms de lieux ou les mots dans un domaine spécialisé tels que l'art et la culture, les kanji et leur lecture, qui ne font pas partie de la liste de joyo kanji, sont également utilisés.

Ex. : 大阪 Osaka　　奈良 Nara　　歌舞伎 Kabuki

3) Certains kanji qui figurent dans la liste de joyo kanji sont écrits en hiragana pour faciliter leur lecture.

Ex. : ある(有る・在る) il y a, avoir　　たぶん(多分) peut-être
きのう(昨日) hier

4) Les nombres sont en principe écrits en chiffres arabes.

Ex. : 9時 neuf heures　　4月1日 1er avril　　1つ un, une

VI. Divers

1) Dans une phrase, les mots que l'on peut omettre sont mis entre parenthèses [　].

Ex. : 父は 54[歳]です。　Mon père a 54 ans.

2) Le synonyme est mis entre parenthèses (　).

Ex. : だれ(どなた)　qui

Conseils pour utiliser efficacement ce manuel

1. Vocabulaire

Le nouveau vocabulaire est présenté dans «Traduction & Notes grammaticales» de chaque leçon.

Pour apprendre plus efficacement, nous vous conseillons de construire des phrases complètes avec le nouveau vocabulaire.

2. Exercices

Pour bien comprendre le sens de chaque structure-clé, entraînez-vous en faisant les «Exercices A» et les «Exercices B». Entraînez-vous toujours à haute voix, jusqu'à ce que vous maîtrisiez convenablement la forme de la structure.

3. Dialogues, conversation

Les «Exercices C» sont présentés sous la forme de courts dialogues. Ne vous limitez pas aux exercices de substitution, mais essayez de continuer et de développer le dialogue.

La «Conversation» présente des situations concrètes que vous retrouveriez au Japon. Entraînez-vous en écoutant le CD et en imaginant la situation, le ton et les gestes appropriés. Cela vous permettra d'acquérir un rythme naturel dans vos conversations.

4. Vérification

À la fin de chaque leçon, faites les «Questions» pour vérifier si vous avez bien compris le contenu de la leçon.

5. Pratiques

Essayez, autant que possible, de parler avec des Japonais. Comme toujours dans l'apprentissage d'une langue, pour progresser rapidement, il est conseillé de mettre en pratique ce que vous avez appris.

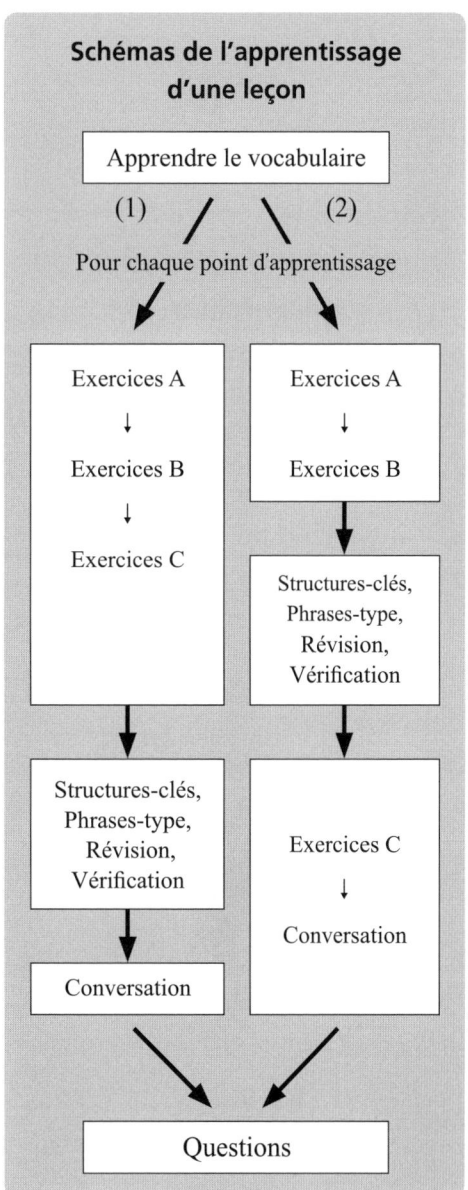

Vous pouvez étudier avec ce manuel en suivant soit le parcours (1) soit le parcours (2). Pour vérifier les points-clés d'apprentissage de chaque leçon, vous pouvez vous référer aux tableaux récapitulatifs qui se trouvent à la fin du livre.

Personnages

Mike Miller
Américain, employé d'IMC

Sato Keiko
Japonaise, employée d'IMC

Jose Santos
Brésilien, employé d'Air Brésil

Maria Santos
Brésilienne, femme au foyer

Karina
Indonésienne, étudiante à l'université Fuji

Wang Xue
Chinois, médecin à l'Hôpital Kobe

Yamada Ichiro
Japonais, employé d'IMC

Yamada Tomoko
Japonaise, employée de banque

Matsumoto Tadashi
Japonais,
directeur du département d'IMC

Matsumoto Yoshiko
Japonaise, femme au foyer

Kimura Izumi
Japonaise,
présentatrice de télévision

 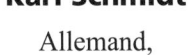 

John Watt
Anglais,
professeur à l'Université Sakura

Karl Schmidt
Allemand,
ingénieur chez Power Electric

Lee Jin Ju
Coréenne,
chercheur à l'AKC

Teresa Santos
Brésilienne, écolière (9 ans)
fille de Jose et Maria Santos

Yamada Taro
Japonais, écolier (8 ans)
fils de Ichiro et Tomoko Yamada

Guputa
Indien, employé d'IMC

Thawaphon
Thaïlandais,
étudiant à l'école de langue japonaise

※ IMC (société de logiciel d'informatique)
※ AKC (アジア研究センター : Institut de Recherche sur l'Asie)

Table des matières

Caractéristiques générales du japonais ·· 2
Écriture japonaise ··· 2

Introduction
Ⅰ. Prononciation du japonais ··· 3
Ⅱ. Expressions utilisées en classe ··· 7
Ⅲ. Formules de salutations courantes et expressions dans une conversation ················ 7

Termes utilisés pour les instructions ··· 8
Symboles et abréviations utilisés ··· 9

Leçon 1 ·· 10

Ⅰ. Vocabulaire
Ⅱ. Traduction
    Structures-clés et phrases-type
    Conversation: **Enchanté**
Ⅲ. Vocabulaire de référence &
    informations:
      Pays, peuples & langues

Ⅳ. Explications grammaticales
1. N_1 は N_2 です
2. N_1 は N_2 じゃ（では）ありません
3. N_1 は N_2 ですか
4. N も
5. N_1 の N_2
6. 〜さん

Leçon 2 ·· 16

Ⅰ. Vocabulaire
Ⅱ. Traduction
    Structures-clés et phrases-type
    Conversation:
      Je suis ravi de pouvoir compter sur vous.
Ⅲ. Vocabulaire de référence &
    informations:
      Nom de famille

Ⅳ. Explications grammaticales
1. これ／それ／あれ
2. この N ／その N ／あの N
3. そうです
4. 〜か、〜か
5. N_1 の N_2
6. の qui remplace un nom
7. お〜
8. そうですか

Leçon 3 — 22

- Ⅰ. Vocabulaire
- Ⅱ. Traduction
  Structures-clés et phrases-type
  Conversation: **Donnez-moi celui-ci**
- Ⅲ. Vocabulaire de référence & informations:
  Grand magasin
- Ⅳ. Explications grammaticales
  1. ここ／そこ／あそこ／こちら／そちら／あちら
  2. Nは lieu です
  3. どこ／どちら
  4. N₁の N₂
  5. こ／そ／あ／ど (démonstratifs)
  6. お～

Leçon 4 — 28

- Ⅰ. Vocabulaire
- Ⅱ. Traduction
  Structures-clés et phrases-type
  Conversation: **Vous êtes ouvert jusqu'à quelle heure?**
- Ⅲ. Vocabulaire de référence & informations:
  Téléphone & Lettre
- Ⅳ. Explications grammaticales
  1. 今 一時一分です
  2. Vます／Vません／Vました／Vませんでした
  3. N (moment) に V
  4. N₁から N₂まで
  5. N₁と N₂
  6. ～ね

Leçon 5 — 34

- Ⅰ. Vocabulaire
- Ⅱ. Traduction
  Structures-clés et phrases-type
  Conversation: **Est-ce que ce train va à Koshien?**
- Ⅲ. Vocabulaire de référence & informations:
  Jours (fériés) nationaux
- Ⅳ. Explications grammaticales
  1. N (lieu) へ 行きます／来ます／帰ります
  2. どこ [へ] も 行きません／行きませんでした
  3. N (véhicule) で 行きます／来ます／帰ります
  4. N (personne/animal) と V
  5. いつ
  6. ～よ
  7. そうですね

Leçon 6 40

Ⅰ. Vocabulaire
Ⅱ. Traduction
 Structures-clés et phrases-type
 Conversation:
  Ne voudriez-vous pas y aller avec nous?
Ⅲ. Vocabulaire de référence & informations:
  Nourriture

Ⅳ. Explications grammaticales
1. N を V (transitif)
2. N を します
3. 何を しますか
4. なん et なに
5. N (lieu) で V
6. V ませんか
7. V ましょう
8. 〜か

Leçon 7 46

Ⅰ. Vocabulaire
Ⅱ. Traduction
 Structures-clés et phrases-type
 Conversation: **Bienvenue**
Ⅲ. Vocabulaire de référence & informations:
  Famille

Ⅳ. Explications grammaticales
1. N (outil/moyen) で V
2. «Mot/Phrase» は 〜語で 何ですか
3. N₁ (personne) に N₂を あげます, etc.
4. N₁ (personne) に N₂を もらいます, etc.
5. もう V ました
6. Omission de particule

Leçon 8 52

Ⅰ. Vocabulaire
Ⅱ. Traduction
 Structures-clés et phrases-type
 Conversation:
  Nous allons bientôt partir.
Ⅲ. Vocabulaire de référence & informations:
  Couleur et goût

Ⅳ. Explications grammaticales
1. Adjectifs
2. Nは な-adj [な] です
 Nは い-adj (〜い) です
3. な-adj な N
 い-adj (〜い) N
4. 〜が、〜
5. とても／あまり
6. Nは どうですか
7. N₁は どんな N₂ですか
8. そうですね

Leçon 9 — 58

I. Vocabulaire
II. Traduction
   Structures-clés et phrases-type
   Conversation: **C'est dommage.**
III. Vocabulaire de référence & informations:
   Musique, Sport & Film

IV. Explications grammaticales
   1. Nが あります／わかります
      Nが 好きです／嫌いです／
      上手です／下手です
   2. どんな N
   3. よく／だいたい／たくさん／少し／
      あまり／全然
   4. ～から、～
   5. どうして

Leçon 10 — 64

I. Vocabulaire
II. Traduction
   Structures-clés et phrases-type
   Conversation: **Y a-t-il du nam pla (sauce de poisson thaïlandaise)?**
III. Vocabulaire de référence & informations:
   Intérieur de la maison

IV. Explications grammaticales
   1. Nが あります／います
   2. Lieuに Nが あります／います
   3. Nは lieuに あります／います
   4. N₁(chose/personne/lieu)の N₂(position)
   5. N₁や N₂
   6. アジアストアですか

Leçon 11 — 70

I. Vocabulaire
II. Traduction
   Structures-clés et phrases-type
   Conversation: **Celui-ci, s'il vous plaît.**
III. Vocabulaire de référence & informations: **Menu**

IV. Explications grammaticales
   1. Comment compter les nombres
   2. Comment utiliser les auxiliaires numéraux
   3. Mot quantitatif (période)に 一回 V
   4. Mot quantitatifだけ／Nだけ

Leçon 12 — 76

I. Vocabulaire
II. Traduction
   Structures-clés et phrases-type
   Conversation: **Comment s'est passée la fête de Gion?**
III. Vocabulaire de référence & informations:
   Fêtes & lieux connus

IV. Explications grammaticales
   1. Temps et forme affirmative/négative des phrases nominales et des phrases avec な-adjectif
   2. Temps et forme affirmative/négative de la phrase avec い-adjectif
   3. N₁は N₂より adjectifです
   4. N₁と N₂と どちらが adjectifですか
      ……N₁／N₂の ほうが adjectifです
   5. N₁[の 中]で 何／どこ／だれ／いつ が いちばん adjectifですか
      ……N₂が いちばん adjectifです
   6. Adjectifの（の qui remplace un nom）

Leçon 13 — 82

 I. Vocabulaire
 II. Traduction
  Structures-clés et phrases-type
  Conversation:
   Nous payons séparément.
 III. Vocabulaire de référence & informations:
   En ville

 IV. Explications grammaticales
  1. Nが 欲しいです
  2. Vます-forme たいです
  3. N (lieu) へ { Vます-forme / N } に 行きます／来ます／帰ります
  4. どこか／何か
  5. ご〜

Leçon 14 — 88

 I. Vocabulaire
 II. Traduction
  Structures-clés et phrases-type
  Conversation:
   À Midori-cho, s'il vous plaît.
 III. Vocabulaire de référence & informations:
   Gare

 IV. Explications grammaticales
  1. Groupes des verbes
  2. Vて-forme
  3. Vて-forme ください
  4. Vて-forme います
  5. Vます-forme ましょうか
  6. Nが V
  7. すみませんが

Leçon 15 — 94

 I. Vocabulaire
 II. Traduction
  Structures-clés et phrases-type
  Conversation: **Parlez-moi de votre famille**.
 III. Vocabulaire de référence & informations:
   Profession

 IV. Explications grammaticales
  1. Vて-forme も いいですか
  2. Vて-forme は いけません
  3. Vて-forme います
  4. Nに V
  5. N_1に N_2を V

Leçon 16 — 100

 I. Vocabulaire
 II. Traduction
  Structures-clés et phrases-type
  Conversation:
   Pourriez-vous m'expliquer comment l'utiliser?
 III. Vocabulaire de référence & informations:
   Comment retirer de l'argent?

 IV. Explications grammaticales
  1. Comment relier plus de deux phrases
  2. V_1 て-forme から、V_2
  3. N_1 は N_2 が adjectif
  4. Nを V
  5. どうやって
  6. どれ／どの N

Leçon 17 — 106

I. Vocabulaire
II. Traduction
   Structures-clés et phrases-type
   Conversation:
   Que vous est-il arrivé?
III. Vocabulaire de référence & informations:
   Corps et maladie

IV. Explications grammaticales
   1. V ない-forme
   2. V ない-forme ないで ください
   3. V ない-forme なければ なりません
   4. V ない-forme なくても いいです
   5. Thématisation du complément d'objet
   6. N (moment) までに V

Leçon 18 — 112

I. Vocabulaire
II. Traduction
   Structures-clés et phrases-type
   Conversation:
   Quels sont vos loisirs?
III. Vocabulaire de référence & informations:
   Actions

IV. Explications grammaticales
   1. Verbes en forme dictionnaire
   2. $\left.\begin{array}{l}\text{N} \\ \text{V en forme dictionnaire こと}\end{array}\right\}$ が できます
   3. わたしの 趣味は $\left\{\begin{array}{l}\text{N} \\ \text{V en forme dictionnaire こと}\end{array}\right\}$ です
   4. $\left.\begin{array}{l}\text{V}_1 \text{ en forme dictionnaire} \\ \text{N の} \\ \text{Quantitatif (période)}\end{array}\right\}$ まえに、V$_2$
   5. なかなか
   6. ぜひ

Leçon 19 — 118

I. Vocabulaire
II. Traduction
   Structures-clés et phrases-type
   Conversation: **À partir de demain, je commence un régime.**
III. Vocabulaire de référence & informations:
   Culture traditionnelle et Divertissement

IV. Explications grammaticales
   1. V た-forme
   2. V た-forme ことが あります
   3. V$_1$ た-forme り、V$_2$ た-forme り します
   4. $\left.\begin{array}{l}\text{い-adj}(\sim\cancel{\text{い}})\to\sim\text{く} \\ \text{な-adj}[\cancel{\text{な}}]\to\sim\text{に} \\ \text{N に}\end{array}\right\}$ なります

Leçon 20 — 124

I. Vocabulaire
II. Traduction
   Structures-clés et phrases-type
   Conversation: **On y va ensemble?**
III. Vocabulaire de référence & informations:
   Comment appeler les gens?

IV. Explications grammaticales
   1. Style poli et style neutre
   2. Emploi propre du style poli et du style neutre
   3. Conversation en style neutre

Leçon 21 — 130

I. Vocabulaire
II. Traduction
　　Structures-clés et phrases-type
　　Conversation: **Je le pense aussi.**
III. Vocabulaire de référence & informations:
　　Statut social

IV. Explications grammaticales
1. Forme neutre と 思（おも）います
2. «Phrase»／Forme neutre ｝と 言（い）います
3. V／い-adj ｝forme neutre／な-adj ｝forme neutre／N ｝〜だ ｝でしょう？
4. N₁ (lieu) で N₂ が あります
5. N (situation) で
6. N でも V
7. V ない-forme ないと……

Leçon 22 — 136

I. Vocabulaire
II. Traduction
　　Structures-clés et phrases-type
　　Conversation:
　　Quel genre d'appartement recherchez-vous ?
III. Vocabulaire de référence & informations:
　　Vêtements

IV. Explications grammaticales
1. Proposition nominale qualifiant
2. V en forme dictionnaire 時間（じかん）／約束（やくそく）／用事（ようじ）
3. V ます-forme ましょうか

Leçon 23 — 142

I. Vocabulaire
II. Traduction
　　Structures-clés et phrases-type
　　Conversation:
　　Comment y aller?
III. Vocabulaire de référence & informations:
　　Route et circulation

IV. Explications grammaticales
1. V en forme dictionnaire／V ない-forme ない／い-adj（〜い）／な-adj な／N の ｝とき、〜 (proposition principale)
2. V en forme dictionnaire／V た-forme ｝とき、〜 (proposition principale)
3. V en forme dictionnaire と、〜 (proposition principale)
4. N が adj
5. N を verbe de mouvement

Leçon 24 ——— 148

I. Vocabulaire
II. Traduction
  Structures-clés et phrases-type
  Conversation:
  Voulez-vous que je vienne vous aider?
III. Vocabulaire de référence & informations:
  Échange de cadeaux

IV. Explications grammaticales
  1. くれます
  2. Vて-forme { あげます / もらいます / くれます }
  3. N₁は N₂が V

Leçon 25 ——— 154

I. Vocabulaire
II. Traduction
  Structures-clés et phrases-type
  Conversation:
  Merci pour tout.
III. Vocabulaire de référence & informations:
  Une vie

IV. Explications grammaticales
  1. Passé de la forme neutre ら、〜 (proposition principale)
  2. Vた-forme ら、〜 (proposition principale)
  3. Vて-forme
     Vない-forme なくて
     い-adj (〜い) → 〜くて
     な-adj [な] → 〜で
     Nで
     } も、〜 (proposition principale)
  4. もし
  5. Sujet dans une proposition subordonnée

Article 1 : **Thème et sujet** ——— 160
Article 2 : **Propositions** ——— 163

Appendices
I. **Nombres** ——— 164
II. **Expressions temporelles** ——— 165
III. **Expressions relatives à la période** ——— 167
IV. **Auxiliaires numéraux** ——— 168
V. **Conjugaison des verbes** ——— 170

Caractéristiques générales du japonais

1. **Parties du discours**   Les parties du discours sont composées de verbes, adjectifs (mots de qualité), noms, adverbes, conjonctions et de particules enclitiques, etc.
2. **Ordre des mots**   Le prédicat est placé à la fin de la phrase. Le qualificatif ou le modificatif se place devant le mot à qualifier ou à modifier.
3. **Prédicat**   Il y a trois sortes de prédicat en japonais: verbe, adjectif et nom + です(だ). Le prédicat complète la phrase en apportant des notions comme: affirmatif/négatif ou passé/non passé. Le prédicat est invariable selon la personne, le genre et le nombre.
4. **Particules enclitiques**   Les particules enclitiques, placées après le mot ou la phrase, servent à indiquer la relation grammaticale entre les mots et à ajouter différents sens à la phrase.
5. **Ellipse**   Le sujet et l'objet sont souvent omis lorsque le contexte de l'énoncé permet de les comprendre sans les nommer.

Écriture japonaise

Il y a trois sortes d'écritures dans la langue japonaise: hiragana, katakana et kanji.

Les hiragana et katakana sont des écritures phonétiques: chaque signe correspond à un son. Les kanji sont des idéogrammes, qui signifient à la fois un son et un sens.

D'une façon générale, les phrases japonaises sont écrites en utilisant conjointement les hiragana, les katakana et les kanji. Les katakana servent à écrire les noms propres de personnes ou de lieux étrangers. Les hiragana sont utilisés pour écrire les particules enclitiques et la partie déclinée des verbes et des adjectifs (terminaison). Outre ces écritures, les romaji (écriture romanisée) sont également utilisés notamment à l'attention des personnes étrangères. On les voit, par exemple, dans les indications des noms de gare.

Voici des exemples de l'utilisation de ces quatre écritures:

田中　さん　は　ミラー　さん　と　デパート　へ　行　きます。
〇　　□　　□　　△　　□　　□　　△　　□　〇　□

M. Tanaka va au grand magasin avec M. Miller.

大阪　Osaka
〇　　☆

(〇 – kanji　□ – hiragana　△ – katakana　☆ – romaji)

Introduction

I. Prononciation du japonais

1. kana et more

Le japonais peut être transcrit phonétiquement en kana comme ci-dessous.

Une more est une unité de son correspondant à la longueur d'un kana japonais (ou deux pour les sons contractés appelés yo-on).

La langue japonaise est basée sur cinq voyelles あ (a), い (i), う (u), え (e), お (o), qui sont utilisées soit toutes seules, soit précédées d'une consonne (ex：k+a＝か) ou précédées d'une consonne et de la semi-voyelle (y) (ex:k+y+a＝きゃ) pour former un son. (ん est une exception)

Ex.
```
あ ア ─ hiragana
        ─ katakana
a   ─ romaji
```

	colonne-あ	colonne-い	colonne-う	colonne-え	colonne-お
ligne-あ	あ ア a	い イ i	う ウ u	え エ e	お オ o
ligne-か k	か カ ka	き キ ki	く ク ku	け ケ ke	こ コ ko
ligne-さ s	さ サ sa	し シ shi	す ス su	せ セ se	そ ソ so
ligne-た t	た タ ta	ち チ chi	つ ツ tsu	て テ te	と ト to
ligne-な n	な ナ na	に ニ ni	ぬ ヌ nu	ね ネ ne	の ノ no
ligne-は h	は ハ ha	ひ ヒ hi	ふ フ fu	へ ヘ he	ほ ホ ho
ligne-ま m	ま マ ma	み ミ mi	む ム mu	め メ me	も モ mo
ligne-や y	や ヤ ya	(い イ) (i)	ゆ ユ yu	(え エ) (e)	よ ヨ yo
ligne-ら r	ら ラ ra	り リ ri	る ル ru	れ レ re	ろ ロ ro
ligne-わ w	わ ワ wa	(い イ) (i)	(う ウ) (u)	(え エ) (e)	を ヲ o
	ん ン n				

きゃ キャ kya	きゅ キュ kyu	きょ キョ kyo
しゃ シャ sha	しゅ シュ shu	しょ ショ sho
ちゃ チャ cha	ちゅ チュ chu	ちょ チョ cho
にゃ ニャ nya	にゅ ニュ nyu	にょ ニョ nyo
ひゃ ヒャ hya	ひゅ ヒュ hyu	ひょ ヒョ hyo
みゃ ミャ mya	みゅ ミュ myu	みょ ミョ myo
りゃ リャ rya	りゅ リュ ryu	りょ リョ ryo

ligne-が g	が ガ ga	ぎ ギ gi	ぐ グ gu	げ ゲ ge	ご ゴ go
ligne-ざ z	ざ ザ za	じ ジ ji	ず ズ zu	ぜ ゼ ze	ぞ ゾ zo
ligne-だ d	だ ダ da	ぢ ヂ ji	づ ヅ zu	で デ de	ど ド do
ligne-ば b	ば バ ba	び ビ bi	ぶ ブ bu	べ ベ be	ぼ ボ bo
ligne-ぱ p	ぱ パ pa	ぴ ピ pi	ぷ プ pu	ぺ ペ pe	ぽ ポ po

ぎゃ ギャ gya	ぎゅ ギュ gyu	ぎょ ギョ gyo
じゃ ジャ ja	じゅ ジュ ju	じょ ジョ jo
びゃ ビャ bya	びゅ ビュ byu	びょ ビョ byo
ぴゃ ピャ pya	ぴゅ ピュ pyu	ぴょ ピョ pyo

Les katakana ci-contre à droite ne figurent pas dans le tableau ci-dessus. Ils sont utilisés pour transcrire les sons qui n'existent pas dans les sons japonais mais nécessaires pour écrire les mots d'origine étrangère.

```
            ウィ wi          ウェ we    ウォ wo
                            シェ she
                            チェ che
ツァ tsa                     ツェ tse    ツォ tso
            ティ ti   トゥ tu
ファ fa      フィ fi          フェ fe    フォ fo
                            ジェ je
            ディ di  ドゥ du
                    デュ dyu
```

2. Voyelles longues

Les cinq voyelles mentionnées ci-dessus (あ, い, う, え et お) constituent des voyelles courtes, mais elles peuvent être prononcées longuement et constituent alors des voyelles longues.

Une voyelle courte correspond à une more, alors qu'une voyelle longue compte pour deux mores.

Le sens du mot change selon que la voyelle est courte ou longue.

Ex. おばさん(tante) : おばあさん(grand-mère)
おじさん(oncle) : おじいさん(grand-père)
ゆき(neige) : ゆうき(courage)
え(dessin) : ええ(oui)
とる(prendre) : とおる(passer)
ここ(ici) : こうこう(lycée)
へや(chambre) : へいや(plaine)
カード(carte)　タクシー(taxi)　スーパー(supermarché)
エスカレーター(escalator)　ノート(cahier)

[note]
1) **Comment écrire les voyelles longues en hiragana**

   Pour allonger les voyelles appartenant aux colonne- あ, い et う, on ajoute 「あ」, 「い」, 「う」 respectivement.

   Pour allonger les voyelles appartenant à la colonne- え, on ajoute 「い」. (Exceptions : ええ(oui), ねえ(dis), おねえさん(grande sœur), etc.)

   Pour allonger les voyelles appartenant à la colonne- お, on ajoute 「う」. (Exceptions : おおきい(grand), おおい(nombreux), とおい(loin), etc.)

2) **Comment écrire les voyelles longues en katakana**

   Pour allonger les voyelles en katakana, on ajoute le symbole «ー».

3. Prononciation de ん

「ん」est un son dont la longueur correspond à une more et n'apparaît jamais à la tête d'un mot.

Pour faciliter sa prononciation, 「ん」peut se prononcer /n/, /m/ ou /ŋ/ selon le son qui vient après.

① Il se prononce /n/ devant les sons appartenant aux lignes- た, だ, ら et な.
   Ex. はんたい(opposition)　うんどう(sport)　せんろ(rail)　みんな(tous)
② Il se prononce /m/ devant les sons appartenant aux lignes- ば, ぱ et ま.
   Ex. しんぶん(journal)　えんぴつ(crayon)　うんめい(destin)
③ Il se prononce /ŋ/ devant les sons appartenant aux lignes- か et が.
   Ex. てんき(temps)　けんがく(visite d'étude)

4. Prononciation de っ

「っ」constitue une more et apparaît devant les sons qui appartiennent aux lignes- か,

さ, た et ぱ. Pour écrire les mots d'origine étrangère, il apparaît également devant les sons de lignes- ザ et ダ, etc.

    Ex. ぶか (subordonné) : ぶっか (les prix)
          かさい (incendie) : かっさい (applaudissement)
          おと (son) : おっと (mari)
          にっき (journal intime) ざっし (magazine) きって (timbre)
          いっぱい (plein) コップ (verre) ベッド (lit)

5. Yo-on (sons contractés)

Les sons représentés en combinant les petits や, ゅ ou ょ avec un kana de taille normale sont appelés yo-on (son contracté). Yo-on contient 2 lettres mais il constitue une more.

    Ex. ひやく (essor) : ひゃく (cent)
          じゆう (liberté) : じゅう (dix)
          びよういん (salon de coiffure) : びょういん (hôpital)
          シャツ (chemise) おちゃ (thé) ぎゅうにゅう (lait) きょう (aujourd'hui)
          ぶちょう (directeur de département) りょこう (voyage)

6. Prononciation de la ligne –が

Les consonnes de la ligne- が se prononcent [g] lorsqu'elles apparaissent à la tête d'un mot, et [ŋ] lorsqu'elles apparaissent ailleurs. Néanmoins, de nos jours, il y a des personnes qui ont tendance à prononcer dans tous les cas [g] sans faire la distinction entre [g] et [ŋ].

7. Voyelles muettes

Lorsque les voyelles [i] et [u] sont entre des consonnes muettes, elles ont tendance à devenir muettes et ne s'entendent pas. La dernière voyelle [u] de 「～です」 et 「～ます」 a également tendance à devenir muette.

    Ex. すき (aimer) したいです (vouloir faire) ききます (écouter)

8. Accent

La langue japonaise est une langue ayant un accent de hauteur. C'est-à-dire qu'il y a, dans un mot, des mores qui se prononcent haut et d'autres bas. Il y a quatre types d'accent et le sens du mot change selon les types. L'accent standard est caractérisé par le fait que la première more et la deuxième more ont une hauteur différente et que le ton ne remonte jamais une fois descendu.

Types d'accent

① plat (le ton ne descend pas)
    Ex. にわ (jardin) はな (nez) なまえ (nom)
          にほんご (japonais)

② début haut (le ton descend après le premier more)
  Ex.　ほん(livre)　てんき(temps)　らいげつ(mois prochain)
③ milieu haut (le ton descend à l'intérieur d'un mot)
  Ex.　たまご(œuf)　ひこうき(avion)　せんせい(professeur)
④ fin haute (le ton descend après la dernière more)
  Ex.　くつ(chaussure)　はな(fleur)　やすみ(congé)
  　　おとうと(petit frère)

はな (nez) de ① et はな (fleur) de ④ se ressemblent mais le type d'accent est différent. Lorsqu'on ajoute une particule が après ces mots, ① se prononce はなが mais ④ se prononce はなが. Voici d'autres exemples des mots dont le sens change selon les types d'accent.
  Ex.　はし(pont)：はし(baguettes)　いち(un)：いち(position)

L'accent diffère également selon les régions. Par exemple, l'accent de la région d'Osaka est assez différent de l'accent standard. Voici quelques exemples.

　　Accent de Tokyo：Accent d'Osaka
　（Accent standard）
　　　　はな：はな　　（fleur）
　　　　りんご：りんご　　（pomme）
　　　　おんがく：おんがく　（musique）

9. Intonation

Il y a trois types d'intonation : ① plat ② montant ③ descendant. Les questions sont prononcées avec une intonation montante. Les autres phrases sont habituellement prononcées avec une intonation plate, mais peuvent être prononcées avec une intonation descendante quand elles expriment des sentiments tels que consentement, déception, etc.

　　Ex.　佐藤：　あした　友達と　お花見を　します。【→】
　　　　　　　　ミラーさんも　いっしょに　行きませんか。【↗】
　　　　ミラー：いいですね。【↘】
　　　　Sato:　　Je vais aller regarder les cerisiers en fleurs avec mes amis demain.
　　　　　　　　Ça vous dirait d'y aller ensemble, M. Miller?
　　　　Miller:　Ce serait bien!

II. Expressions utilisées en classe

1. 始めましょう。 Commençons.
2. 終わりましょう。 Finissons.
3. 休みましょう。 Faisons une pause.
4. わかりますか。 Comprenez-vous?
　……はい、わかります。／ ……Oui, je comprends./
　　いいえ、わかりません。 　Non, je ne comprends pas.
5. もう 一度 ［お願いします］。 Répétez, s'il vous plaît.
6. いいです。 C'est bien.
7. 違います。 Ce n'est pas bon.
8. 名前 Nom
9. 試験、宿題 Examen, devoir
10. 質問、答え、例 Question, réponse, exemple

III. Formules de salutations courantes et expressions dans une conversation

1. おはよう ございます。 Bonjour (le matin).
2. こんにちは。 Bonjour.
3. こんばんは。 Bonsoir.
4. お休みなさい。 Bonne nuit.
5. さようなら。 Au revoir.
6. ありがとう ございます。 Merci. (poli)
7. すみません。 Excusez-moi/Pardon.
8. お願いします。 S'il vous plaît.

Termes utilisés pour les instructions

第一課 (だいいっか)	Leçon -	フォーム	forme
文型 (ぶんけい)	structure-clé	～形 (けい)	～ forme
例文 (れいぶん)	phrase-type	修飾 (しゅうしょく)	qualification, modification
会話 (かいわ)	conversation		
練習 (れんしゅう)	exercice	例外 (れいがい)	exception
問題 (もんだい)	question		
答え (こたえ)	réponse	名詞 (めいし)	nom
読み物 (よみもの)	lecture	動詞 (どうし)	verbe
復習 (ふくしゅう)	révision	形容詞 (けいようし)	adjectif
		い形容詞 (けいようし)	い-adjectif
目次 (もくじ)	table des matières	な形容詞 (けいようし)	な-adjectif
		助詞 (じょし)	particule enclitique
索引 (さくいん)	index	副詞 (ふくし)	adverbe
		接続詞 (せつぞくし)	conjonction
文法 (ぶんぽう)	grammaire	数詞 (すうし)	numéraux
文 (ぶん)	phrase	助数詞 (じょすうし)	auxiliaires numéraux, suffixes nominaux
単語(語) (たんご(ご))	mot	疑問詞 (ぎもんし)	interrogatif, pronom interrogatif
句 (く)	locution		
節 (せつ)	proposition	名詞文 (めいしぶん)	phrase nominale
		動詞文 (どうしぶん)	phrase verbale
発音 (はつおん)	prononciation	形容詞文 (けいようしぶん)	phrase adjectivale
母音 (ぼいん)	voyelle		
子音 (しいん)	consonne	主語 (しゅご)	sujet
拍 (はく)	more	述語 (じゅつご)	prédicat
アクセント	accent	目的語 (もくてきご)	complément d'objet
イントネーション	intonation	主題 (しゅだい)	thème
[か]行 (ぎょう)	ligne-[か]	肯定 (こうてい)	affirmation
[い]列 (れつ)	colonne-[い]	否定 (ひてい)	négation
		完了 (かんりょう)	perfectif
丁寧体 (ていねいたい)	style poli	未完了 (みかんりょう)	imperfectif
普通体 (ふつうたい)	style neutre	過去 (かこ)	passé
活用 (かつよう)	conjugaison, flexion	非過去 (ひかこ)	non passé

Symboles et abréviations utilisés

1. symboles utilisés dans «I. Vocabulaire»

① ～ indique qu'il manque un mot ou une locution.
   Ex. ～から 来ました。(Je suis) venu de ～.

② － indique qu'il manque un nombre.
   Ex. －歳　－ ans

③ Les mots et les locutions qu'on peut omettre sont mis entre [　　].
   Ex. どうぞ よろしく [お願いします]。 Je suis ravi de vous rencontrer.

④ Les mots ou les expressions synonymes sont mis entre (　　).
   Ex. だれ(どなた) qui

⑤ Les mots marqués de ＊ ne sont pas traités dans la leçon-même, mais présentés comme des mots connexes.

⑥ 〈練習C〉(exercice C) présente les expressions utilisées dans les exercices C de la leçon.

⑦ 〈会話〉(conversation) présente les mots et les expressions utilisés dans la conversation.

2. Abréviations utilisées dans «IV. Explications grammaticales»

N	nom (名詞)	Ex. がくせい (étudiant)　つくえ (table, bureau)
い-adj	い-adjectif (い形容詞)	Ex. おいしい (délicieux)　たかい (haut, cher)
な-adj	な-adjectif (な形容詞)	Ex. きれい[な] (joli, propre)　しずか[な] (calme)
V	verbe (動詞)	Ex. かきます (écrire)　たべます (manger)

Leçon 1

I. Vocabulaire

わたし		je, moi
あなた		vous (singulier)
あの ひと（あの かた）	あの 人（あの 方）	cette personne(-là); il, lui, elle (あの かた est la forme polie de あの ひと)
～さん		M., Mme, Mlle (suffixe ajouté au nom pour exprimer la politesse)
～ちゃん		(suffixe ajouté au prénom d'un enfant à la place de ～さん)
～じん	～人	(suffixe ajouté au nom d'un pays, ce qui signifie qu'une personne est de cette nationalité ex : アメリカじん un(e) Américain(e))
せんせい	先生	professeur, instituteur, maître (ne s'emploie pas pour designer sa propre profession)
きょうし	教師	enseignant
がくせい	学生	étudiant
かいしゃいん	会社員	employé d'une compagnie
しゃいん	社員	employé (utilisé avec le nom de la compagnie ex : IMC の しゃいん)
ぎんこういん	銀行員	employé de banque
いしゃ	医者	médecin
けんきゅうしゃ	研究者	chercheur
だいがく	大学	université
びょういん	病院	hôpital
だれ（どなた）		qui (どなた est la forme polie de だれ)
－さい	－歳	－ an(s)
なんさい（おいくつ）	何歳	quel âge (おいくつ est la forme polie de なんさい)
はい		oui
いいえ		non

〈練習 C〉

初めまして。	Enchanté (litt. Je vous rencontre pour la première fois. L'expression est utilisée habituellement comme première phrase lors de la présentation de soi).
〜から 来ました。	Je viens (je suis venu) de 〜.
[どうぞ] よろしく [お願いします]。	Très heureux de faire votre connaissance (litt. Merci de votre haute bienveillance. On utilise l'expression à la fin de la présentation de soi).
失礼ですが	Excusez-moi (l'expression est utilisée lorsqu'on demande une information personnelle à l'interlocuteur telle que son nom ou son adresse).
お名前は？	Comment vous appelez-vous? Quel est votre nom?
こちらは 〜さんです。	Voici M. (Mme, Mlle) 〜.

アメリカ	États-Unis
イギリス	Angleterre
インド	Inde
インドネシア	Indonésie
韓国	Corée (du Sud)
タイ	Thaïlande
中国	Chine
ドイツ	Allemagne
日本	Japon
ブラジル	Brésil
IMC／パワー電気／ブラジルエアー	entreprises fictives
AKC	organisation fictive
神戸病院	hôpital fictif
さくら大学／富士大学	universités fictives

II. Traduction

Structures-clés
1. Je m'appelle Mike Miller.
2. M. Santos n'est pas étudiant.
3. Est-ce que M. Miller est employé d'une entreprise?
4. M. Santos est lui aussi employé d'une entreprise.

Phrases-type
1. Est-ce que vous êtes M. Mike Miller?
   ······Oui, je suis Mike Miller.
2. Est-ce que vous êtes étudiant, M. Miller?
   ······Non, je ne suis pas étudiant.
3. Est-ce que M. Wang est employé de banque?
   ······Non, il n'est pas employé de banque. Il est médecin.
4. Qui est cette personne (là-bas)?
   ······C'est M. Watt. Il est professeur à l'Université Sakura.
5. Est-ce que M. Guputa est employé dans une entreprise?
   ······Oui, il est employé dans une entreprise.
   Est-ce que Karina est aussi employée dans une entreprise?
   ······Non, elle est étudiante.
6. Quel âge a Teresa?
   ······Elle a neuf ans.

Conversation
Enchanté

Sato: Bonjour.
Yamada: Bonjour. Mlle Sato, voici M. Mike Miller.
Miller: Enchanté, je m'appelle Mike Miller.
           Je viens des États-Unis.
           Je suis ravi de faire votre connaissance.
Sato: Je m'appelle Keiko Sato. Je suis ravie de vous connaître.

III. Vocabulaire de référence & informations

国(くに)・人(ひと)・ことば Pays, peuples & langues

国(くに) Pays	人(ひと) Peuple	ことば Langue
アメリカ (États-Unis)	アメリカ人(じん)	英語(えいご) (anglais)
イギリス (Grande-Bretagne)	イギリス人(じん)	英語(えいご) (anglais)
イタリア (Italie)	イタリア人(じん)	イタリア語(ご) (italien)
イラン (Iran)	イラン人(じん)	ペルシア語(ご) (persan)
インド (Inde)	インド人(じん)	ヒンディー語(ご) (hindi)
インドネシア (Indonésie)	インドネシア人(じん)	インドネシア語(ご) (indonésien)
エジプト (Égypte)	エジプト人(じん)	アラビア語(ご) (arabe)
オーストラリア (Australie)	オーストラリア人(じん)	英語(えいご) (anglais)
カナダ (Canada)	カナダ人(じん)	英語(えいご) (anglais) / フランス語(ご) (français)
韓国(かんこく) (Corée du Sud)	韓国人(かんこくじん)	韓国語(かんこくご) (coréen)
サウジアラビア (Arabie Saoudite)	サウジアラビア人(じん)	アラビア語(ご) (arabe)
シンガポール (Singapour)	シンガポール人(じん)	英語(えいご) (anglais)
スペイン (Espagne)	スペイン人(じん)	スペイン語(ご) (espagnol)
タイ (Thaïlande)	タイ人(じん)	タイ語(ご) (thaï)
中国(ちゅうごく) (Chine)	中国人(ちゅうごくじん)	中国語(ちゅうごくご) (chinois)
ドイツ (Allemagne)	ドイツ人(じん)	ドイツ語(ご) (allemand)
日本(にほん) (Japon)	日本人(にほんじん)	日本語(にほんご) (japonais)
フランス (France)	フランス人(じん)	フランス語(ご) (français)
フィリピン (Philippines)	フィリピン人(じん)	フィリピノ語(ご) (filipino)
ブラジル (Brésil)	ブラジル人(じん)	ポルトガル語(ご) (portugais)
ベトナム (Viêt-nam)	ベトナム人(じん)	ベトナム語(ご) (vietnamien)
マレーシア (Malaisie)	マレーシア人(じん)	マレーシア語(ご) (malais)
メキシコ (Mexique)	メキシコ人(じん)	スペイン語(ご) (espagnol)
ロシア (Russie)	ロシア人(じん)	ロシア語(ご) (russe)

IV. Explications grammaticales

1. $\boxed{N_1 \text{ は } N_2 \text{ です}}$

1) Particule enclitique は

La particule は indique que le nom (N_1) qui précède est le thème de la phrase (voir Article 1: Thème et sujet). Pour construire une phrase, le locuteur choisit d'abord le thème qu'il veut évoquer en le marquant avec は, et y ajoute ensuite diverses descriptions.

① わたしは マイク・ミラーです。　　　　Je suis Mike Miller.

[Note] La particule は se prononce わ.

2) です

Les noms employés avec です forment les prédicats. です établit un jugement ou une affirmation. です exprime également la politesse du locuteur envers son interlocuteur. です change de forme dans une phrase négative (voir 2. ci-dessous) ou dans une phrase au passé (voir Leçon 12).

② わたしは 会社員です。　　　　Je suis employé d'une entreprise.

2. $\boxed{N_1 \text{ は } N_2 \text{ じゃ（では）ありません}}$

じゃ（では）ありません est la forme négative de です. Dans une conversation courante, c'est la forme じゃ ありません qui est utilisée. Dans un discours officiel ou dans un texte écrit, la forme では ありません est employée.

③ サントスさんは 学生じゃ ありません。　　　　M. Santos n'est pas étudiant.
　　　　　　　　　　　（では）

[Note] は de では se prononce わ.

3. $\boxed{N_1 \text{ は } N_2 \text{ ですか}}$　(phrase interrogative)

1) Particule か

La particule か est utilisée pour montrer l'incertitude ou l'interrogation du locuteur. On peut obtenir une phrase interrogative en ajoutant か à la fin d'une phrase. La phrase interrogative est en général accompagnée d'une intonation montante en fin de phrase.

2) Phrase interrogative demandant si le contenu de l'énoncé est exact ou non

La phrase interrogative est construite en ajoutant か à la fin de la phrase. L'ordre des mots de la phrase ne change pas. Il s'agit de demander si le contenu de l'énoncé est exact ou non. S'il est exact, il faut répondre はい et いいえ s'il est faux.

④ ミラーさんは アメリカ人ですか。　　　　Est-ce que M. Miller est Américain?
　……はい、アメリカ人です。　　　　……Oui, il est Américain.
⑤ ミラーさんは 先生ですか。　　　　Est-ce que M. Miller est professeur?
　……いいえ、先生じゃ ありません。　　　　……Non, il n'est pas professeur.

3) Phrase interrogative comportant un pronom interrogatif

La partie sur laquelle on veut poser la question est remplacée par un mot interrogatif. L'ordre des mots de la phrase ne change pas et il faut ajouter か à la fin de la phrase.

⑥ あの 方は どなたですか。　　　　　Qui est cette personne?
　……[あの 方は] ミラーさんです。　……[Cette personne,] c'est M. Miller.

4. N も

「も」est utilisé lorsque la phrase valide la même chose que celle mentionnée précédemment.

⑦　ミラーさんは 会社員です。グプタさんも 会社員です。
　　M. Miller est employé d'entreprise. M. Guputa est aussi employé d'entreprise.

5. N₁ の N₂

Lorsque le premier nom, N_1 qualifie le deuxième nom N_2, ces deux noms sont reliés à l'aide de の. Dans la leçon 1, N_1 indique l'appartenance de N_2.

⑧　ミラーさんは IMC の 社員です。　　M. Miller est employé d'IMC.

6. ～さん

Dans la langue japonaise, さん est attaché au nom de famille ou au prénom de l'interlocuteur ou d'une tierce personne. さん étant utilisé pour exprimer le respect pour cette personne, il ne faut jamais le mettre après le nom ou le prénom du locuteur. ちゃん est utilisé à la place de さん pour exprimer une familiarité comme un diminutif après le prénom d'un enfant.

⑨　あの 方は ミラーさんです。　　Cette personne est M. Miller.

Lorsqu'on s'adresse directement à l'interlocuteur dont on connaît le nom, on évite d'utiliser あなた et on utilise le nom (nom de famille ou prénom) de cette personne suivi de さん.

⑩　鈴木：　ミラーさんは 学生ですか。　Suzuki: Êtes-vous étudiant, M. Miller?
　　ミラー：　いいえ、会社員です。
　　Miller: Non, je suis employé d'une entreprise.

[Note] あなた s'emploie à l'égard d'une personne très proche (mari et femme, ou petit(e) ami(e)). Attention! Si l'on l'utilise dans d'autres cas, il risque de donner une impression d'impolitesse.

Leçon 2

I. Vocabulaire

これ		ce, ceci (celui qui se trouve près du locuteur)
それ		ce, cela (celui qui se trouve près de l'interlocuteur)
あれ		ce, cela (celui qui se trouve loin du locuteur et de l'interlocuteur)
この ～		ce, cette ～ ci
その ～*		ce, cette ～ là
あの ～*		ce, cette ～ là-bas
ほん	本	livre
じしょ	辞書	dictionnaire
ざっし	雑誌	magazine, revue
しんぶん	新聞	journal
ノート		cahier
てちょう	手帳	agenda, carnet
めいし	名刺	carte de visite
カード		carte
えんぴつ	鉛筆	crayon papier
ボールペン		stylo à bille
シャープペンシル		porte-mine
かぎ		clé
とけい	時計	montre, horloge, réveil
かさ	傘	parapluie
かばん		sac
CD		CD
テレビ		télévision
ラジオ		radio
カメラ		appareil-photo
コンピューター		ordinateur
くるま	車	voiture
つくえ	机	table, bureau
いす		chaise

チョコレート		chocolat
コーヒー		café
[お]みやげ	[お]土産	souvenir, cadeau
えいご	英語	anglais
にほんご	日本語	japonais
～ご	～語	langue～
なん	何	que, quoi
そう		C'est cela

〈練習 C〉

あのう	euh (expression utilisée pour s'adresser avec gêne ou hésitation)
えっ	Ah (émis lorsque l'on a entendu quelque chose d'inattendu)
どうぞ。	Tenez, je vous en prie (s'emploie lorsque l'on offre quelque chose).
[どうも] ありがとう [ございます]。	Merci [beaucoup].
そうですか。	Ah bon./Ah, d'accord.
違います。	Non, ce n'est pas cela./Vous avez tort.
あ	Ah (émis lorsque l'on s'est rendu compte de quelque chose)

〈会話〉

これから お世話に なります。	Je suis heureux de vous connaître (litt. Je suis ravi de pouvoir compter sur vous).
こちらこそ [どうぞ] よろしく [お願いします]。	réponse à [どうぞ] よろしく [おねがいします] (Très heureux de faire votre connaissance)

II. Traduction

Structures-clés
1. Ceci est un dictionnaire.
2. Celui-là est mon parapluie.
3. Ce livre est à moi.

Phrases-type
1. Est-ce que c'est un stylo à bille?
   ……Oui, c'est ça.
2. Est-ce que c'est un cahier?
   ……Non, c'est un agenda.
3. Qu'est-ce que c'est?
   ……C'est une carte de visite.
4. Est-ce que c'est un «9» ou un «7»?
   ……C'est un «9».
5. Qu'est-ce que c'est comme magazine?
   ……C'est un magazine d'informatique.
6. À qui est ce sac là-bas?
   ……C'est le sac de Mlle Sato.
7. Est-ce à vous, M. Miller?
   ……Non, ce n'est pas à moi.
8. À qui est cette clé?
   ……C'est à moi.

Conversation

Je suis ravi de pouvoir compter sur vous.

Ichiro Yamada:	Oui, qui est-ce?
Santos:	C'est Santos de l'appartement 408.
	………………………………………………
Santos:	Bonjour, je suis Santos. Je suis ravi de pouvoir compter sur vous. Je suis enchanté de vous connaître. (litt. Merci d'avance pour votre bienveillance.)
Ichiro Yamada:	C'est moi qui suis ravi de vous connaître. (litt. C'est moi qui vous demande votre bienveillance.)
Santos:	Euh…… Voici du café. Tenez, je vous prie.
Ichiro Yamada:	Merci beaucoup.

III. Vocabulaire de référence & informations

<ruby>名前<rt>なまえ</rt></ruby>　　Nom de famille

Noms de famille courants au Japon

1	佐藤 (さとう)	2	鈴木 (すずき)	3	高橋 (たかはし)	4	田中 (たなか)
5	渡辺 (わたなべ)	6	伊藤 (いとう)	7	山本 (やまもと)	8	中村 (なかむら)
9	小林 (こばやし)	10	加藤 (かとう)	11	吉田 (よしだ)	12	山田 (やまだ)
13	佐々木 (ささき)	14	斎藤 (さいとう)	15	山口 (やまぐち)	16	松本 (まつもと)
17	井上 (いのうえ)	18	木村 (きむら)	19	林 (はやし)	20	清水 (しみず)

城岡啓二、村山忠重「日本の姓の全国順位データベース」より。2011年8月公開
source; Base de données des noms de famille japonais dans le classement national (Keiji Shirooka et Tadashige Murayama), août 2011.

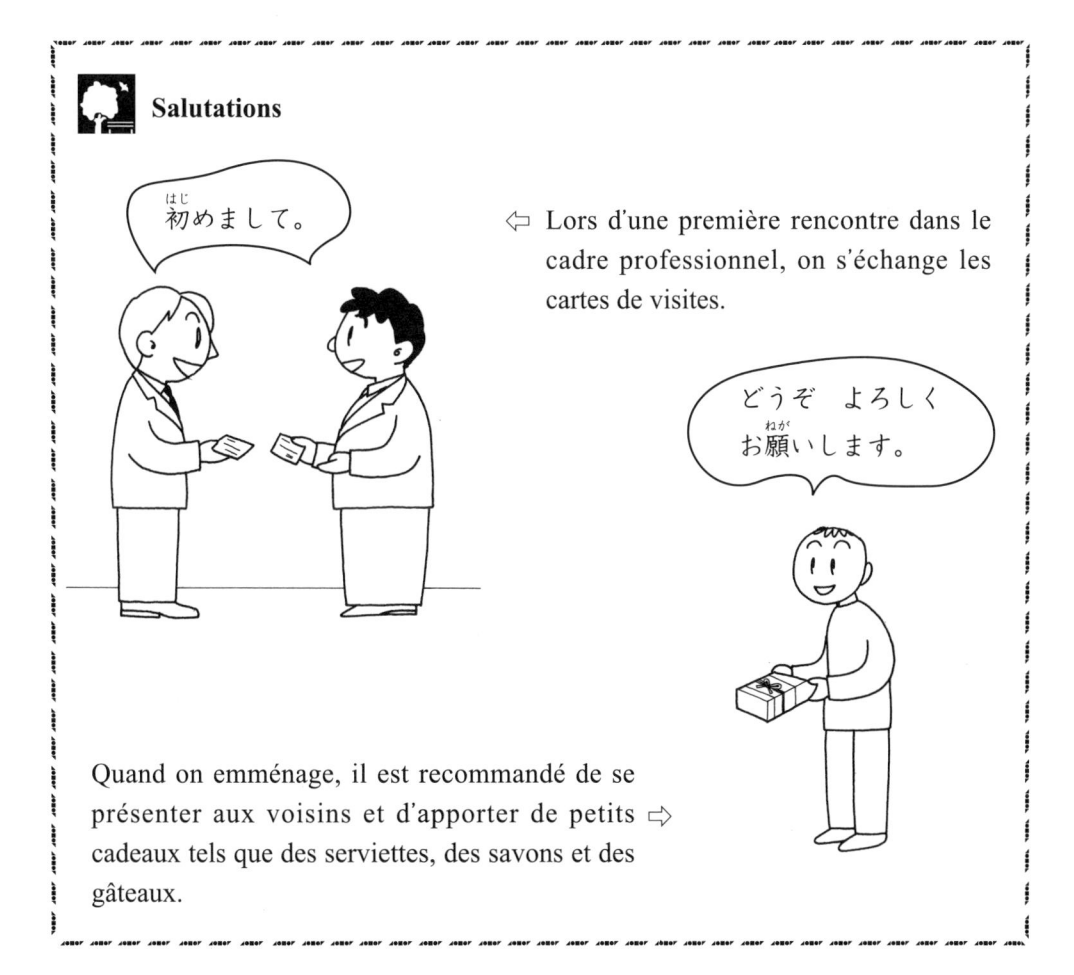

Salutations

初めまして。

⇐ Lors d'une première rencontre dans le cadre professionnel, on s'échange les cartes de visites.

どうぞ よろしく お願いします。

Quand on emménage, il est recommandé de se présenter aux voisins et d'apporter de petits ⇨ cadeaux tels que des serviettes, des savons et des gâteaux.

IV. Explications grammaticales

1. これ／それ／あれ

これ, それ désignent les choses et fonctionnent sur le plan grammatical comme des noms.
これ s'emploie pour référer à quelque chose qui se trouve proche du locuteur.
それ s'emploie pour référer à quelque chose qui se trouve proche de l'interlocuteur.
あれ s'emploie pour référer à quelque chose qui est loin du locuteur et de l'interlocuteur.

① それは 辞書ですか。 Est-ce un dictionnaire?
② これは だれの 傘ですか。 À qui est ce parapluie?

2. このN／そのN／あのN

この, その et あの qualifient les noms.

③ この 本は わたしのです。 Ce livre est à moi.
④ あの 方は どなたですか。 Qui est cette personne-là?

これ / この かばん
それ / その かばん
あれ / あの かばん

3. そうです

Dans une phrase nominale, on peut utiliser そう pour répondre de façon affirmative ou négative, comme par exemple: はい、そうです.

⑤ それは 辞書ですか。 Est-ce un dictionnaire?
  ……はい、そうです。 ……Oui, c'est cela.

Dans une réponse négative, l'emploi de そう n'est pas courant. Dans ce cas-là, il est plus courant d'utiliser ちがいます (Ce n'est pas cela. Litt. C'est différent) ou de dire la réponse correcte.

⑥ それは ミラーさんのですか。 Est-ce que celui-là est à M. Miller?
  ……いいえ、違います。 ……Non, il ne l'est pas.
⑦ それは シャープペンシルですか。 Est-ce que cela est un porte-mine?
  ……いいえ、ボールペンです。 ……Non, c'est un stylo à bille.

4. 〜か、〜か

C'est une question demandant à l'interlocuteur de choisir une réponse entre deux ou plusieurs phrases interrogatives. Pour y répondre, la phrase choisie est annoncée directement sans utiliser ni はい ni いいえ.

⑧ これは「9」ですか、「7」ですか。 Est-ce que c'est un «9» ou un «7» ?
　……「9」です。 ……C'est un «9».

5. N_1 の N_2

Vous avez déjà appris dans la leçon 1 que, lorsque N_1 qualifie N_2, la particule の est placée entre N_1 et N_2. Dans cette leçon, vous allez apprendre les fonctions suivantes de の.

1) N_1 explique à quoi se rapporte N_2.
⑨ これは コンピューターの 本です。 C'est un livre d'informatique.
2) N_1 indique qui est le propriétaire de N_2.
⑩ これは わたしの 本です。 Ceci est mon livre.

6. の qui remplace un nom

Ce の s'emploie à la place du nom précédemment exprimé (かばん dans l'exemple ⑫). Lorsqu'il est placé après un nom (さとうさん) comme dans l'exemple ⑪, c'est comme si N_2 (かばん) est omis de N_1 の N_2 (さとうさん の かばん). の remplace un objet mais pas une personne.

⑪ あれは だれの かばんですか。 À qui est ce sac?
　……佐藤さんのです。 ……C'est à Mlle Sato.
⑫ この かばんは あなたのですか。 Est-ce que ce sac est à vous?
　……いいえ、わたしのじゃ ありません。 ……Non, ce n'est pas à moi.
⑬ ミラーさんは IMCの 社員ですか。
　Est-ce que M. Miller est employé d'IMC?
　……はい、IMCの 社員です。 ……Oui, il est employé d'IMC.
　× はい、IMCのです。

7. お〜

Lorsque le préfixe お est ajouté à un nom, cela exprime la politesse.
(Ex.［お］みやげ souvenir,［お］さけ alcool)

8. そうですか

Cette expression est utilisée, lorsqu'on a appris une nouvelle information pour montrer qu'on l'a bien comprise. Elle est prononcée avec l'intonation descendante.

⑭ この 傘は あなたのですか。 Est-ce que ce parapluie est à vous?
　……いいえ、違います。シュミットさんのです。 ……Non. C'est à M. Schmidt.
　そうですか。 Ah d'accord.

Leçon 3

I. Vocabulaire

ここ		ici, cet endroit
そこ		là, là-bas, cet endroit (près de vous)
あそこ		là-bas
どこ		où
こちら		cette direction-ci, ici (exression polie de ここ)
そちら		cette direction-là, là-bas (expression polie de そこ)
あちら		cette direction-là, là-bas (expression polie de あそこ)
どちら		quelle direction, où (expression polie de どこ)
きょうしつ	教室	salle de cours
しょくどう	食堂	restaurant, cantine
じむしょ	事務所	bureau
かいぎしつ	会議室	salle de réunion
うけつけ	受付	accueil
ロビー		hall
へや	部屋	salle, chambre
トイレ（おてあらい）	（お手洗い）	toilettes
かいだん	階段	escalier
エレベーター		ascenseur
エスカレーター		escalator
じどうはんばいき	自動販売機	distributeur automatique
でんわ	電話	téléphone
［お］くに	［お］国	pays
かいしゃ	会社	entreprise, société
うち		maison

くつ	靴	chaussures
ネクタイ		cravate
ワイン		vin
うりば	売り場	rayon (dans un magasin)
ちか	地下	sous-sol
－かい（－がい）	－階	－ étage (Le 1ᵉʳ étage est 2かい en japonais.)
なんがい*	何階	quel étage
－えん	－円	－ yen
いくら		combien (cela coûte)
ひゃく	百	cent
せん	千	mille
まん	万	dix mille

《練習 C》
すみません。	Excusez-moi.
どうも。	Merci.

《会話》
いらっしゃいませ。	Bienvenue (salutation adressée au client qui entre dans un magasin).
［～を］見せて ください。	Montrez-moi [～]. Est-ce que je peux voir [～]?
じゃ	alors, eh bien
［～を］ください。	Donnez-moi [～].

....

イタリア	Italie
スイス	Suisse
フランス	France
ジャカルタ	Jakarta
バンコク	Bangkok
ベルリン	Berlin
新大阪	Shin-Osaka (nom d'une gare à Osaka)

II. Traduction

Structures-clés
1. Ici, c'est le restaurant.
2. L'ascenseur est là-bas.

Phrases-type
1. Est-ce ici Shin-Osaka?
    ……Oui, c'est ça.
2. Où sont les toilettes?
    ……C'est là-bas.
3. Où est M. Yamada?
    ……Il est dans la salle de réunion.
4. Où est le bureau?
    ……C'est là-bas.
5. De quel pays venez-vous?
    ……Je viens des États-Unis.
6. D'où viennent ces chaussures?
    ……Ce sont des chaussures italiennes.
7. Combien coûte cette montre?
    ……Elle coûte 18 600 yen.

Conversation

Donnez-moi celui-ci

Vendeuse A:	Bonjour. (litt. Bienvenue.)
Maria:	Excusez-moi. Où est le rayon des vins?
Vendeuse A:	Au premier sous-sol.
Maria:	Merci.
	………………………………………………
Maria:	Excusez-moi. Pouvez-vous me montrer ce vin?
Vendeuse B:	Oui, le voici.
Maria:	D'où vient ce vin?
Vendeuse B:	Il vient du Japon.
Maria:	Combien coûte-t-il?
Vendeuse B:	C'est 2 500 yen.
Maria:	Alors, donnez-moi celui-ci.

III. Vocabulaire de référence & informations

デパート　　　Grand magasin

屋上（おくじょう）	遊園地（ゆうえんち）	aire d'amusement
8階（かい）	レストラン・催し物会場（もよおしものかいじょう）	restaurants, hall d'exposition
7階（かい）	時計（とけい）・眼鏡（めがね）	montres, lunettes
6階（かい）	スポーツ用品（ようひん）・旅行用品（りょこうようひん）	articles de sport, articles de voyage
5階（かい）	子ども服（ふく）・おもちゃ・本（ほん）・文房具（ぶんぼうぐ）	vêtements d'enfant, jouets, livres, fournitures de bureau
4階（かい）	家具（かぐ）・食器（しょっき）・電化製品（でんかせいひん）	meubles, vaisselle, produits électriques
3階（がい）	紳士服（しんしふく）	vêtements d'homme
2階（かい）	婦人服（ふじんふく）	vêtements de femme
1階（かい）	靴（くつ）・かばん・アクセサリー・化粧品（けしょうひん）	chaussures, sacs, bijoux, produits de beauté
地下1階（ちかいっかい）	食品（しょくひん）	alimentation
地下2階（ちかにかい）	駐車場（ちゅうしゃじょう）	parking

25

IV. Explications grammaticales

1. ここ／そこ／あそこ／こちら／そちら／あちら

ここ, そこ et あそこ indiquent des lieux. ここ désigne l'endroit où le locuteur se trouve, そこ désigne un endroit où se trouve l'interlocuteur et あそこ désigne un endroit qui est loin du locuteur et de l'interlocuteur.

こちら, そちら et あちら sont des démonstratifs de la direction, mais ils sont également utilisés pour montrer un lieu à la place de ここ, そこ et あそこ. Dans ce cas-là, la phrase est plus polie.

[Note] Quand le locuteur considère que l'interlocuteur se trouve dans son champ, il peut utiliser ここ pour désigner l'endroit où les deux se trouvent, そこ pour l'endroit un peu plus loin, et あそこ pour un endroit éloigné.

2. N は lieu です

En utilisant cette structure de phrase, on peut désigner un lieu ou l'endroit où se trouve une chose ou une personne.

① お手洗いは あそこです。　　Les toilettes sont là-bas.
② 電話は 2階です。　　Le téléphone est au 1er étage.
③ 山田さんは 事務所です。　　M. Yamada est au bureau.

3. どこ／どちら

どこ est un mot interrogatif pour demander le lieu et どちら pour demander la direction. どちら peut être également utilisé pour demander le lieu. Dans ce cas-là, l'expression est plus polie qu'avec どこ.

④ お手洗いは どこですか。 Où sont les toilettes?
　……あそこです。 ……C'est là-bas.
⑤ エレベーターは どちらですか。 Où est l'ascenseur?
　……あちらです。 ……C'est par là-bas.

Pour demander le nom d'un lieu ou d'une organisation auquel l'interlocuteur appartient, tels que le pays, l'entreprise et l'école, etc., on utilise どこ ou どちら, mais pas なん. L'expression どちら est plus polie que どこ.

⑥ 学校は どこですか。 Quel est le nom de votre école?
⑦ 会社は どちらですか。 Dans quelle entreprise travaillez-vous?

4. N_1 の N_2

Quand N_1 est le nom d'un pays et N_2 est un produit, N_1 の signifie que le produit est fabriqué dans ce pays. Quand N_1 est le nom d'une entreprise et N_2 est un produit, N_1 の signifie que le produit est fabriqué par cette entreprise. Pour les deux cas, le mot interrogatif どこ est utilisé pour demander où ou par quelle entreprise le produit est fabriqué.

⑧ これは どこの コンピューターですか。 Où est-ce que cet ordinateur a été fabriqué?/Quel est le fabricant de cet ordinateur?
　……日本の コンピューターです。 ……C'est un ordinateur japonais.
　……パワー電気の コンピューターです。
　……C'est un ordinateur de Power Electric.

5. こ／そ／あ／ど (démonstratifs)

	Série こ	Série そ	Série あ	Série ど
chose	これ	それ	あれ	どれ (L.16)
chose, personne	この N	その N	あの N	どの N (L.16)
lieu	ここ	そこ	あそこ	どこ
direction, lieu (poli)	こちら	そちら	あちら	どちら

6. お〜

Le préfixe お, ajouté à un mot concernant l'interlocuteur ou la tierce personne, exprime le respect du locuteur envers ceux-ci.

⑨ ［お］国は どちらですか。 D'où venez-vous? (litt. Quel est votre pays?)

Leçon 4

I. Vocabulaire

おきます	起きます	se lever, se réveiller
ねます	寝ます	dormir, se coucher
はたらきます	働きます	travailler
やすみます	休みます	se reposer, prendre un congé
べんきょうします	勉強します	étudier
おわります	終わります	se terminer, finir
デパート		grand magasin
ぎんこう	銀行	banque
ゆうびんきょく	郵便局	bureau de poste
としょかん	図書館	bibliothèque
びじゅつかん	美術館	musée
いま	今	maintenant
ーじ	ー時	ー heure(s)
ーふん（ーぷん）	ー分	ー minute(s)
はん	半	demie（30 minutes）
なんじ	何時	quelle heure
なんぷん*	何分	combien de minutes
ごぜん	午前	matin, du matin, matinée
ごご	午後	après-midi
あさ	朝	matin
ひる	昼	midi, jour, journée
ばん（よる）	晩（夜）	soir, nuit
おととい		avant-hier
きのう		hier
きょう		aujourd'hui
あした		demain
あさって		après-demain
けさ		ce matin
こんばん	今晩	ce soir
やすみ	休み	repos, vacances, congé
ひるやすみ	昼休み	pause de midi

しけん	試験	examen
かいぎ	会議	réunion（〜を します：faire une réunion）
えいが	映画	cinéma, film
まいあさ	毎朝	tous les matins
まいばん	毎晩	tous les soirs
まいにち	毎日	tous les jours
げつようび	月曜日	lundi
かようび	火曜日	mardi
すいようび	水曜日	mercredi
もくようび	木曜日	jeudi
きんようび	金曜日	vendredi
どようび	土曜日	samedi
にちようび	日曜日	dimanche
なんようび	何曜日	quel jour de la semaine
〜から		à partir de 〜
〜まで		jusqu'à 〜
〜と 〜		〜 et 〜（utilisé pour relier deux ou plusieurs noms）

〈練習 C〉

大変ですね。　　C'est dur (pour vous).（utilisé quand on exprime sa sympathie）

〈会話〉

番号	numéro
何番	quel numéro
そちら	là-bas, votre côté, vous

....

ニューヨーク	New York
ペキン	Pékin（北京）
ロサンゼルス	Los Angeles
ロンドン	Londres
あすか	restaurant fictif
アップル銀行	banque fictive
みどり図書館	bibliothèque fictive
やまと美術館	musée fictif

II. Traduction

Structures-clés
1. Maintenant, il est quatre heures cinq.
2. Je me lève tous les matins à six heures.
3. Hier, j'ai étudié.

Phrases-type
1. Quelle heure est-il maintenant?
    ……Il est deux heures dix.
   Quelle heure est-il à New York maintenant?
    ……Il est minuit dix.
2. Quels sont les jours de fermeture?
    ……C'est le samedi et le dimanche.
3. De quelle heure à quelle heure la banque Apple est ouverte?
    ……Elle est ouverte de neuf heures à quinze heures.
4. À quelle heure vous couchez-vous tous les soirs?
    ……Je me couche à onze heures.
5. De quelle heure à quelle heure étudiez-vous tous les jours?
    ……J'étudie de neuf heures du matin à trois heures de l'après-midi.
6. Est-ce que vous travaillez le samedi?
    ……Non, je ne travaille pas.
7. Avez-vous étudié hier?
    ……Non, je n'ai pas étudié.

Conversation

Vous êtes ouvert jusqu'à quelle heure?

Miller:	Excusez-moi, quel est le numéro de téléphone d'«Asuka»?
Sato:	Le numéro d'«Asuka»? C'est le 5275-2725.
Miller:	Merci beaucoup.
	…………………………………………………
Personnel du magasin:	Ici, «Asuka».
Miller:	Excusez-moi, vous êtes ouvert jusqu'à quelle heure?
Personnel du magasin:	Jusqu'à dix heures.
Miller:	Quels sont les jours de fermeture?
Personnel du magasin:	Nous sommes fermés le dimanche.
Miller:	D'accord. Merci.

III. Vocabulaire de référence & informations

電話・手紙　Téléphone & Lettre

Comment utiliser un téléphone public?

① Décrocher le combiné
② Insérer une pièce ou une carte dans la fente
③ Composer les numéros*
④ Raccrocher le combiné
⑤ Récupérer la carte ou la monnaie s'il y en a

Les téléphones publics n'acceptent que les pièces de 10 yen et de 100 yen ou les cartes téléphoniques. Si vous mettez une pièce de 100 yen, la monnaie ne sera pas rendue.

* Si l'appareil est équipé d'un bouton marqué "start", appuyez sur ce bouton après ③.

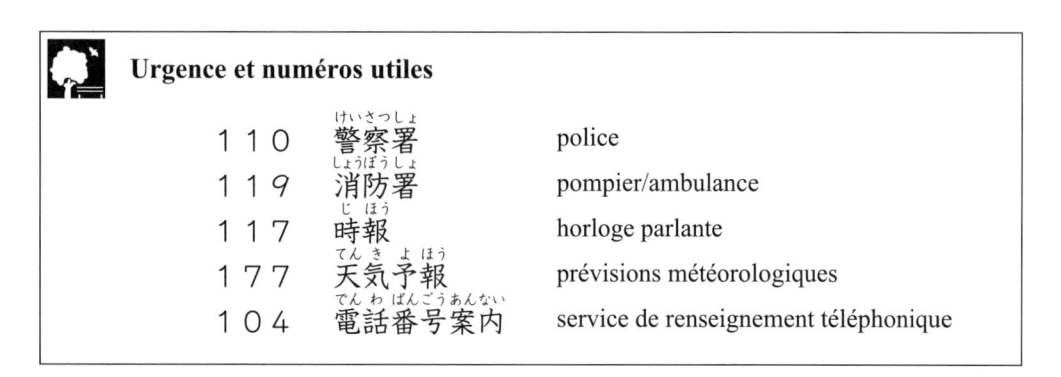

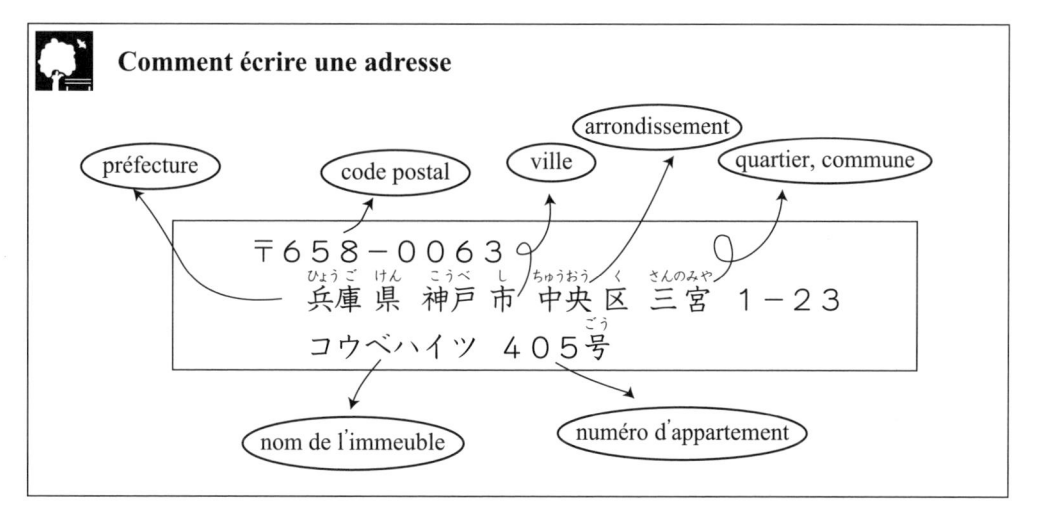

Urgence et numéros utiles

110	警察署 (けいさつしょ)	police
119	消防署 (しょうぼうしょ)	pompier/ambulance
117	時報 (じほう)	horloge parlante
177	天気予報 (てんきよほう)	prévisions météorologiques
104	電話番号案内 (でんわばんごうあんない)	service de renseignement téléphonique

Comment écrire une adresse

- préfecture
- code postal
- ville
- arrondissement
- quartier, commune

〒658-0063
兵庫県　神戸市　中央区　三宮　1-23
コウベハイツ　405号

- nom de l'immeuble
- numéro d'appartement

IV. Explications grammaticales

1. 今 ―時―分です

Pour exprimer l'heure, on ajoute les auxiliaires numéraux 時 (heures) et 分 (minutes) après les chiffres. 分 se prononce ふん après les chiffres 2, 5, 7 et 9, et se prononce ぷん après les chiffres 1, 3, 4, 6, 8 et 10. Les chiffres 1, 6, 8, 10 qui précèdent ぷん se prononcent respectivement いっ, ろっ, はっ, じゅっ（じっ）(voir Appendice).
Pour demander l'heure, il faut ajouter なん avant じ ou ぷん.

① 今 何時ですか。　　　　　　　　Quelle heure est-il maintenant?
　……7時10分です。　　　　　　　……Il est sept heures dix.

2. Vます／Vません／Vました／Vませんでした

1) Vます fonctionne comme prédicat de la phrase. ます montre la politesse du locuteur envers l'interlocuteur.

② わたしは 毎日 勉強します。　　J'étudie tous les jours.

2) Vます est utilisé pour exprimer des faits habituels du présent et la vérité ainsi que l'action et l'évènement du futur. Les flexions de ます dans une phrase négative et dans une phrase au passé sont indiquées dans le tableau suivant.

	non-passé (présent/futur)	passé
forme affirmative	おきます	おきました
forme négative	おきません	おきませんでした

③ 毎朝 6時に 起きます。　　　　Je me lève tous les matins à six heures.
④ あした 6時に 起きます。　　　Demain, je vais me lever à six heures.
⑤ けさ 6時に 起きました。　　　Ce matin, je me suis levé à six heures.

3) Pour formuler une phrase interrogative, on ajoute か à la fin de la phrase sans changer l'ordre des mots. Le pronom interrogatif est placé à la partie de la phrase à laquelle la question se rapporte. Quant à la réponse, elle est formulée en reprenant le verbe qui se trouve dans la phrase interrogative. そうです ou ちがいます (voir L.2) ne peuvent pas être utilisés pour répondre à la phrase interrogative avec un verbe.

⑥ きのう 勉強しましたか。　　　　Avez-vous étudié hier?
　……はい、勉強しました。　　　　……Oui, j'ai étudié.
　……いいえ、勉強しませんでした。……Non, je n'ai pas étudié.
⑦ 毎朝 何時に 起きますか。　　　À quelle heure vous levez-vous tous les matins?
　……6時に 起きます。　　　　　　……Je me lève à six heures.

3. N(moment)に V

On peut indiquer le moment où une action est exécutée en ajoutant la particule に après un nom exprimant le temps.

⑧ 6時半に 起きます。　　　　　　Je me lève à six heures et demie.

⑨　7月2日に　日本へ　来ました。
　　　Je suis venu au Japon le 2 juillet. (L.5)

[Note 1] Les noms temporels tels qu'ils sont présentés ci-dessous ne sont pas suivis de に.
きょう，あした，あさって，きのう，おととい，けさ，こんばん，いま，まいあさ，まいばん，まいにち，せんしゅう(L.5)，こんしゅう(L.5)，らいしゅう(L.5)，いつ(L.5)，せんげつ(L.5)，こんげつ(L.5)，らいげつ(L.5)，ことし(L.5)，らいねん(L.5)，きょねん(L.5)，etc.

⑩　きのう　勉強　しました。　　　J'ai étudié hier.

[Note 2] L'ajout de に est facultatif après les noms suivants:
～ようび，あさ，ひる，ばん，よる

⑪　日曜日[に]　奈良へ　行きます。　　Dimanche, je vais à Nara. (L.5)

4. N_1 から N_2 まで

1) から indique un point de départ (temps ou lieu) et まで indique un point d'arrivée (temps ou lieu).

⑫　9時から　5時まで　勉強　します。　　J'étudie de neuf heures à cinq heures.
⑬　大阪から　東京まで　3時間　かかります。
　　　Il faut trois heures d'Osaka à Tokyo. (L.11)

2) から et まで ne sont pas toujours utilisés ensemble. Ils peuvent être employés séparément.

⑭　9時から　働きます。　　　Je travaille à partir de neuf heures.

3) Pour montrer l'heure/la date du début/la fin du nom thématisé, ～から , ～まで et ～から～まで peuvent être utilisés avec 「です」.

⑮　銀行は　9時から　3時までです。　La banque est ouverte de neuf heures à trois heures.
⑯　昼休みは　12時からです。　La pause de midi est à partir de douze heures.

5. N_1 と N_2

La particule と sert à coordonner les noms entre eux.

⑰　銀行の　休みは　土曜日と　日曜日です。
　　　La banque est fermée le samedi et le dimanche.

6. ～ね

On utilise la particule ね, en fin de phrase, lorsque l'on s'attend à ce que l'interlocuteur exprime son accord, vérifie ou confirme quelque chose.

⑱　毎日　10時まで　勉強　します。　J'étudie tous les jours jusqu'à dix heures.
　　……大変ですね。　　　　　　　……Vous êtes bien courageux.
⑲　山田さんの　電話番号は　871の　6813です。
　　　Le numéro de téléphone de M. Yamada est le 871-6813.
　　……871の　6813ですね。　　　……871-6813, c'est bien ça?

Leçon 5

I. Vocabulaire

いきます	行きます	aller
きます	来ます	venir
かえります	帰ります	rentrer (chez soi), retourner
がっこう	学校	école
スーパー		supermarché
えき	駅	gare, station
ひこうき	飛行機	avion
ふね	船	bateau
でんしゃ	電車	train
ちかてつ	地下鉄	métro
しんかんせん	新幹線	Shinkansen (TGV japonais)
バス		bus
タクシー		taxi
じてんしゃ	自転車	bicyclette
あるいて	歩いて	à pied
ひと	人	personne, gens
ともだち	友達	ami(e)
かれ*	彼	lui, il, petit ami
かのじょ	彼女	elle, petite amie
かぞく	家族	famille
ひとりで	一人で	seul(e), par soi-même
せんしゅう	先週	la semaine dernière
こんしゅう	今週	cette semaine
らいしゅう	来週	la semaine prochaine
せんげつ	先月	le mois dernier
こんげつ*	今月	ce mois
らいげつ	来月	le mois prochain
きょねん	去年	l'année dernière
ことし*		cette année
らいねん	来年	l'année prochaine
－ねん*	一年	(l'année) －
なんねん*	何年	quelle année
－がつ	一月	(le mois de) －
なんがつ*	何月	quel mois

ついたち	1日	le 1er du mois
ふつか*	2日	le 2 du mois, 2 jours
みっか	3日	le 3 du mois, 3 jours
よっか*	4日	le 4 du mois, 4 jours
いつか*	5日	le 5 du mois, 5 jours
むいか	6日	le 6 du mois, 6 jours
なのか*	7日	le 7 du mois, 7 jours
ようか*	8日	le 8 du mois, 8 jours
ここのか	9日	le 9 du mois, 9 jours
とおか	10日	le 10 du mois, 10 jours
じゅうよっか	14日	le 14 du mois, 14 jours
はつか*	20日	le 20 du mois, 20 jours
にじゅうよっか*	24日	le 24 du mois, 24 jours
－にち	－日	le －（du mois）, － jour(s)
なんにち*	何日	quel jour du mois, combien de jours
いつ		quand
たんじょうび	誕生日	anniversaire

〈練習 C〉

そうですね。　　　　　　　　　　C'est cela.

〈会話〉

［どうも］ありがとう ございました。　Merci [beaucoup].
どう いたしまして。　　　　　　　Je vous en prie./De rien.
一番線　　　　　　　　　　　　　quai －, voie －
次の　　　　　　　　　　　　　　prochain
普通　　　　　　　　　　　　　　(train) omnibus
急行*　　　　　　　　　　　　　(train) express
特急*　　　　　　　　　　　　　(train) spécial express

．．．

甲子園　　　　　　　　　　　　　Koshien (nom d'une ville près d'Osaka)
大阪城　　　　　　　　　　　　　Osakajo, Château d'Osaka (château célèbre d'Osaka)

II. Traduction

Structures-clés
1. Je vais à Kyoto.
2. Je rentre chez moi en taxi.
3. Je suis venu au Japon avec ma famille.

Phrases-type
1. Où est-ce que vous allez demain?
   ……Je vais à Nara.
2. Où êtes-vous allé dimanche?
   ……Je ne suis allé nulle part.
3. Comment est-ce que vous allez à Tokyo?
   ……J'y vais en Shinkansen.
4. Avec qui est-ce que vous allez à Tokyo?
   ……J'y vais avec M. Yamada.
5. Quand êtes-vous arrivé au Japon? (litt. Quand êtes-vous venu?)
   ……Je suis arrivé le 25 mars.
6. Quand est votre anniversaire?
   ……C'est le 13 juin.

Conversation

Est-ce que ce train va à Koshien?

Santos:	Excusez-moi. Combien est-ce que cela coûte jusqu'à Koshien?
Une femme:	C'est 350 yen.
Santos:	350 yen... Merci beaucoup.
Une femme:	Je vous en prie.

………………………………………………

Santos:	Excusez-moi. De quel quai part le train pour Koshien?
Employé de gare:	Le quai numéro 5.
Santos:	Merci.

………………………………………………

Santos:	Excusez-moi, est-ce que ce train va à Koshien?
Un homme:	Non. C'est le prochain train omnibus qui y va.
Santos:	Ah bon? Merci.

III. Vocabulaire de référence & informations

<ruby>祝祭日<rt>しゅくさいじつ</rt></ruby>　Jours (fériés) nationaux

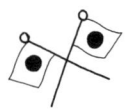

1月1日 (がついたち)	元日 (がんじつ)	Jour de l'An
1月第2月曜日** (がつだいげつようび)	成人の日 (せいじんのひ)	Fête de la majorité
2月11日 (がつにち)	建国記念の日 (けんこくきねんのひ)	Jour anniversaire de la fondation de l'État
2月23日 (がつにち)	天皇誕生日 (てんのうたんじょうび)	Anniversaire de l'empereur
3月20日* (がつはつか)	春分の日 (しゅんぶんのひ)	Équinoxe de printemps
4月29日 (がつにち)	昭和の日 (しょうわのひ)	Jour de Showa
5月3日 (がつみっか)	憲法記念日 (けんぽうきねんび)	Jour de commémoration de la constitution
5月4日 (がつよっか)	みどりの日 (ひ)	Jour de la nature (jour vert)
5月5日 (がついつか)	こどもの日 (ひ)	Jour des enfants
7月第3月曜日*** (がつだいげつようび)	海の日 (うみのひ)	Jour de la mer
8月11日 (がつにち)	山の日 (やまのひ)	Jour de la montagne
9月第3月曜日*** (がつだいげつようび)	敬老の日 (けいろうのひ)	Journée dédiée aux personnes âgées
9月23日* (がつにち)	秋分の日 (しゅうぶんのひ)	Équinoxe d'automne
10月第2月曜日** (がつだいげつようび)	スポーツの日 (ひ)	Jour du Sport et de la Santé
11月3日 (がつみっか)	文化の日 (ぶんかのひ)	Jour de la Culture
11月23日 (がつにち)	勤労感謝の日 (きんろうかんしゃのひ)	Jour du travail

  * Variable selon les années
  ** Le deuxième lundi
  *** Le troisième lundi

Si un jour férié tombe un dimanche, le lundi suivant devient jour de congé à sa place. La période du 29 avril jusqu'au 5 mai s'appelle ゴールデンウィーク (semaine dorée). Certaines entreprises ferment pendant toute la durée de ゴールデンウィーク.

IV. Explications grammaticales

1. N(lieu)へ 行きます／来ます／帰ります

Avec les verbes qui indiquent le déplacement, la particule へ est placée après le nom du lieu pour montrer la direction vers laquelle le mouvement est effectué.

① 京都へ 行きます。　　　　Je vais à Kyoto.
② 日本へ 来ました。　　　　Je suis venu au Japon.
③ うちへ 帰ります。　　　　Je rentre à la maison.

[Note] La particule へ se prononce え.

2. どこ[へ]も 行きません／行きませんでした

La particule も est ajoutée après le pronom interrogatif quand on veut nier tout ce qui relève de la catégorie représentée par ce pronom interrogatif. Elle s'emploie avec un verbe à la forme négative.

④ どこ[へ]も 行きません。　　Je ne vais nulle part.
⑤ 何も 食べません。　　　　Je ne mange rien. (L.6)
⑥ だれも 来ませんでした。　Personne n'est venu.

3. N(véhicule)で 行きます／来ます／帰ります

La particule で indique un moyen ou une méthode. Quand elle est utilisée avec un verbe de déplacement et se trouve derrière le nom d'un véhicule dans une phrase, elle indique alors un moyen de transport utilisé.

⑦ 電車で 行きます。　　　　Je vais en train.
⑧ タクシーで 来ました。　　Je suis venu en taxi.

En cas de déplacement à pied, on utilise l'expression あるいて sans mettre la particule で.

⑨ 駅から 歩いて 帰りました。　Je suis rentré à pied depuis la gare.

4. N(personne/animal)と V

La particule と, placée après un nom de personne (ou un animal) avec qui on fait quelque chose, signifie alors «en compagnie de».

⑩ 家族と 日本へ 来ました。　Je suis venu au Japon avec ma famille.

Quand on fait quelque chose tout seul, l'expression ひとりで est utilisée. Dans ce cas-là, la particule と n'est pas utilisée.

⑪ 一人で 東京へ 行きます。　Je vais à Tokyo tout seul.

5. いつ

Pour demander un moment ou une date, les pronoms interrogatifs combinés avec なん tels que なんじ, なんようび ou なんがつなんにち sont utilisés. Il y a aussi un autre pronom interrogatif いつ (quand). いつ ne prend pas la particule に.

⑫ いつ 日本へ 来ましたか。 Quand est-ce que vous êtes arrivé au Japon?
……3月25日に 来ました。 ……Je suis arrivé le 25 mars.

⑬ いつ 広島へ 行きますか。 Quand est-ce que vous allez à Hiroshima?
……来週 行きます。 ……J'y vais la semaine prochaine.

6. ～よ

La particule よ se place à la fin de la phrase. Elle sert à donner des informations que l'interlocuteur ne connaît pas ou à transmettre le jugement et l'opinion du locuteur.

⑭ この 電車は 甲子園へ 行きますか。
……いいえ、行きません。次の「普通」ですよ。
Est-ce que ce train va à Koshien?
……Non, il n'y va pas. C'est le prochain train omnibus qui y va.

⑮ 北海道に 馬が たくさん いますよ。
Il y a beaucoup de chevaux à Hokkaido. (L.18)

⑯ マリアさん、この アイスクリーム、おいしいですよ。
Maria, cette glace est délicieuse. (L.19)

7. そうですね

そうですね sert à exprimer l'accord ou la sympathie du locuteur sur ce que l'interlocuteur a dit. Cette expression ressemble à そうですか (L.2, 8), mais ce dernier est utilisé lorsque le locuteur a compris une nouvelle information. Or, そうですね s'emploie pour exprimer l'accord ou la sympathie du locuteur sur quelque chose qu'il connaissait déjà.

⑰ あしたは 日曜日ですね。 Demain, on sera dimanche, n'est-ce pas?
……あ、そうですね。 ……En effet, c'est vrai.

Leçon 6

I. Vocabulaire

たべます	食べます	manger
のみます	飲みます	boire
すいます [たばこを～]	吸います	fumer [une cigarette]
みます	見ます	regarder, voir
ききます	聞きます	écouter
よみます	読みます	lire
かきます	書きます	écrire (かきます signifie également «dessiner» ou «peindre». Dans ce cas-là, ce mot est transcrit en hiragana dans ce livre.)
かいます	買います	acheter
とります [しゃしんを～]	撮ります [写真を～]	prendrer [une photo]
します		faire
あいます [ともだちに～]	会います [友達に～]	rencontrer, voir [un(e) ami(e)]
ごはん		repas, riz (cuit)
あさごはん*	朝ごはん	petit déjeuner
ひるごはん	昼ごはん	déjeuner
ばんごはん*	晩ごはん	dîner
パン		pain
たまご	卵	œuf
にく	肉	viande
さかな	魚	poisson
やさい	野菜	légume
くだもの	果物	fruit
みず	水	eau
おちゃ	お茶	thé, thé vert
こうちゃ	紅茶	thé anglais
ぎゅうにゅう（ミルク）	牛乳	lait
ジュース		jus (de fruit)
ビール		bière
[お]さけ	[お]酒	alcool, saké japonais (alcool de riz)
たばこ		cigarette

てがみ	手紙	lettre
レポート		rapport, compte-rendu
しゃしん	写真	photo
ビデオ		cassette-vidéo, magnétoscope
みせ	店	magasin, boutique
にわ	庭	jardin
しゅくだい	宿題	devoir (〜を します: faire ses devoirs)
テニス		tennis (〜を します: jouer au tennis)
サッカー		football (〜を します: jouer au football)
[お]はなみ	[お]花見	contemplation des fleurs de cerisiers (〜を します: aller regarder les fleurs de cerisiers)
なに	何	que, quoi
いっしょに		ensemble
ちょっと		un peu
いつも		toujours, habituellement
ときどき	時々	de temps en temps, parfois
それから		après cela, ensuite, puis
ええ		oui
いいですね。		Ce serait bien.
わかりました。		D'accord./Je vois.

〈会話〉

何ですか。	Oui?
じゃ、また [あした]。	Bon [à demain].

メキシコ	Mexique
大阪デパート	grand magasin fictif
つるや	restaurant fictif
フランス屋	supermarché fictif
毎日屋	supermarché fictif

II. Traduction

Structures-clés
1. Je lis un livre.
2. J'achète un journal à la gare.
3. Ne voudriez-vous pas qu'on aille à Kobe ensemble?
4. Reposons-nous un peu.

Phrases-type
1. Buvez-vous de l'alcool?
   ……Non, je n'en bois pas.
2. Que mangez-vous tous les matins?
   ……Je mange du pain et des œufs.
3. Qu'avez-vous mangé ce matin?
   ……Je n'ai rien mangé.
4. Qu'avez-vous fait samedi?
   ……J'ai étudié du japonais. Ensuite, j'ai vu un film avec mes amis.
5. Où avez-vous acheté ce sac?
   ……Je l'ai acheté au Mexique.
6. Ne voudriez-vous pas faire du tennis demain?
   ……Oui, ce serait bien.
7. Rencontrons-nous demain à dix heures à la gare.
   ……D'accord.

Conversation

Ne voudriez-vous pas y aller avec nous?

Sato: M. Miller.
Miller: Oui?
Sato: Demain, je vais regarder les cerisiers en fleurs avec des amis. Ne voudriez-vous pas y aller avec nous?
Miller: Ce serait bien. Où allez-vous?
Sato: Au château d'Osaka.
Miller: À quelle heure y allez-vous?
Sato: Retrouvons-nous à la gare d'Osaka à dix heures.
Miller: D'accord.
Sato: À demain alors.

III. Vocabulaire de référence & informations

食べ物 (たべもの) Nourriture

野菜 (やさい) Légumes
きゅうり	concombre
トマト	tomate
なす	aubergine
まめ	pois, haricot
キャベツ	chou
ねぎ	poireau
はくさい	chou chinois
ほうれんそう	épinard
レタス	salade, laitue
じゃがいも	pomme de terre
だいこん	radis blanc (radis japonais)
たまねぎ	oignon
にんじん	carotte

果物 (くだもの) Fruits
いちご	fraise	かき	kaki
もも	pêche	みかん	mandarine
すいか	pastèque	りんご	pomme
ぶどう	raisin	バナナ	banane
なし	poire japonaise		

肉 (にく) Viandes
ぎゅうにく	bœuf
とりにく	poulet
ぶたにく	porc
ソーセージ	saucisse
ハム	jambon

こめ riz

たまご œuf

魚 (さかな) Poissons
あじ	chinchard	さけ	saumon	えび	crevette
いわし	sardine	まぐろ	thon	かに	crabe
さば	marquereau	たい	daurade	いか	seiche, calmar, encournet
さんま	balaou du Japon	たら	cabillaud, morue	たこ	poulpe

かい Coquillage

Le Japon importe plus de la moitié de la nourriture consommée dans le pays. Le taux d'auto-approvisionnement de nourriture est: 59% de céréales, 81% de légumes, 38% de fruits, 56% de viandes, 60% de produits de la mer (2010, Ministère de l'Agriculture, de la Forêt et de la Pêche). Le taux d'auto-approvisionnement du riz comme produit de première nécessité est de 100%.

IV. Explications grammaticales

1. | N を V(transitif) |

La particule を sert à indiquer le complément d'objet direct d'un verbe transitif.

① ジュースを 飲みます。　　Je bois du jus.

[Note] を est utilisé uniquement pour définir cette particule.

2. | N を します |

します prend comme complément d'objet direct des noms très variés. します signifie exécuter l'action ou la chose dénotées par le complément d'objet direct. Voici quelques exemples.

1) sports, jeux, etc.

　　サッカーを します　jouer au football　　トランプを します　jouer aux cartes

2) réunion, manifestation, etc.

　　パーティーを します　organiser une soirée, une réception
　　会議を します　tenir une réunion

3) autres

　　宿題を します　faire ses devoirs　　仕事を します　travailler
　　電話を します　téléphoner

3. | 何を しますか |

C'est une question pour demander ce qu'on fait.

② 月曜日 何を しますか。　　Qu'est-ce que vous faites lundi?
　……京都へ 行きます。　　……Je vais à Kyoto.

③ きのう 何を しましたか。　　Qu'avez-vous fait hier?
　……サッカーを しました。　　……J'ai joué au football.

4. | なん et なに |

なん et なに sont des pronoms interrogatifs qui signifient tous les deux «quoi/que/qu'est-ce que».

なん est utilisé dans les cas suivants:

1) Quand le mot qui suit ce pronom interrogatif commence par un son appartenant à la ligne- た, だ ou な du tableau des kana.

④ それは 何ですか。　　Qu'est-ce que c'est?

⑤ 何の 本ですか。　　Qu'est-ce que c'est comme livre?

⑥ 寝る まえに、何と 言いますか。
　Qu'est-ce qu'on dit avant d'aller se coucher. (voir L.21)

⑦ 何で 東京へ 行きますか。　　Comment est-ce que vous allez à Tokyo?

[Note] なんで s'emploie pour, en plus de demander un moyen, demander la raison.

Lorsqu'on veut préciser qu'on demande sur le moyen, on peut utiliser なにで.

⑧ 何で 東京へ 行きますか。　　Comment est-ce que vous allez à Tokyo?
　　……新幹線で 行きます。　　……J'y vais en Shinkansen.

2) Quand ce pronom interrogatif est combiné avec un auxiliaire numéral.

⑨ テレーザちゃんは 何歳ですか。　Quel âge a Teresa?

En dehors des cas précités 1) et 2), なに est employé.

⑩ 何を 買いますか。　　Qu'est-ce que vous achetez?

5. N(lieu)で V

La particule で qu'on apprend ici, placée après un nom indiquant un lieu, marque le lieu où une action se produit.

⑪ 駅で 新聞を 買います。　　J'achète un journal à la gare.

6. Vませんか

C'est une expression utilisée pour inviter son interlocuteur à faire quelque chose ensemble.

⑫ いっしょに 京都へ 行きませんか。　Ça vous dirait d'aller à Kyoto ensemble?
　　……ええ、いいですね。　　　……Oui, ce serait bien.

7. Vましょう

C'est une expression pour proposer une action et inviter l'interlocuteur. Elle s'emploie également pour répondre positivement à une invitation.

⑬ ちょっと 休みましょう。　　Reposons-nous un peu.
⑭ いっしょに 昼ごはんを 食べませんか。　Si nous déjeunions ensemble.
　　……ええ、食べましょう。　　……Oui, déjeunons!

[Note] Vませんか et Vましょう sont, toutes les deux, des expressions pour inviter l'interlocuteur à faire quelque chose, mais Vませんか montre plus de considération pour l'intention de l'interlocuteur que Vましょう.

8. ～か

La particule か indique que le locuteur a eu une nouvelle information et il l'a prise en compte. C'est le même usage que か dans l'expression そうですか (L.2, 8).

⑮ 日曜日 京都へ 行きました。　　Dimanche, je suis allé à Kyoto.
　　……京都ですか。いいですね。　……Kyoto? C'est bien.

Leçon 7

I. Vocabulaire

きります	切ります	couper, découper
おくります	送ります	envoyer
あげます		donner, offrir
もらいます		recevoir
かします	貸します	prêter, louer
かります	借ります	emprunter
おしえます	教えます	enseigner, apprendre
ならいます	習います	apprendre (par quelqu'un)
かけます		passer [un coup de téléphone],
［でんわを〜］	［電話を〜］	téléphoner
て	手	main
はし		baguettes (pour manger)
スプーン		cuillère
ナイフ		couteau
フォーク		fourchette
はさみ		ciseaux
パソコン		ordinateur personnel
ケータイ		téléphone portable
メール		mail, courriel électronique
ねんがじょう	年賀状	carte de vœux du Nouvel An
パンチ		perforeuse
ホッチキス		agrafeuse
セロテープ		ruban adhésif, scotch
けしゴム	消しゴム	gomme à effacer
かみ	紙	feuille, papier
はな	花	fleur
シャツ		chemise
プレゼント		cadeau
にもつ	荷物	bagage
おかね	お金	argent
きっぷ	切符	billet, ticket
クリスマス		Noël

ちち	父	père, mon père
はは	母	mère, ma mère
おとうさん*	お父さん	père (Le père de quelqu'un d'autre. S'emploie aussi pour appeler son propre père.)
おかあさん	お母さん	mère (La mère de quelqu'un d'autre. S'emploie aussi pour appeler sa propre mère.)
もう		déjà
まだ		pas encore
これから		maintenant, dès maintenant

〈練習 C〉

[〜、] すてきですね。　　　　[〜] est très joli!

〈会話〉

いらっしゃい。	Bonjour. (litt. Bienvenue)
どうぞ お上がり ください。	Entrez, je vous en prie.
失礼します。	Excusez-moi pour le dérangement. (litt. Je vais vous déranger.)
[〜は] いかがですか。	Que diriez-vous de [〜]? (S'emploie quand on offre quelque chose.)
いただきます。	Merci, je vais en prendre. (litt. Je vais en prendre humblement. Prononcé avant de manger ou de boire.)
ごちそうさま[でした]*。	Merci pour le repas. (litt. C'était un régal. Prononcé après avoir mangé ou bu.)

....

スペイン　　　　　　　　　　　　Espagne

II. Traduction

Structures-clés
1. Je regarde des films sur l'ordinateur.
2. Je donne des fleurs à Mlle Kimura.
3. J'ai reçu des chocolats de Karina.
4. J'ai déjà envoyé le mail.

Phrases-type
1. Avez-vous étudié le japonais avec la télévision?
   ……Non, je l'ai étudié avec la radio.
2. Écrivez-vous votre rapport en japonais?
   ……Non, je l'écris en anglais.
3. Comment dit-on «Goodbye» en japonais?
   ……On dit «Sayonara».
4. À qui écrivez-vous des cartes de vœux du Nouvel An?
   ……J'en écris à mes professeurs et à mes amis.
5. Qu'est-ce que c'est?
   ……C'est un agenda. Je l'ai reçu de M. Yamada.
6. Avez-vous déjà acheté votre billet de Shinkansen?
   ……Oui, je l'ai déjà acheté.
7. Avez-vous déjà déjeuné?
   ……Non, pas encore. Je vais manger maintenant.

Conversation

Bienvenue

Ichiro Yamada:	Oui.
Jose Santos:	C'est Santos.
	………………………………………………
Ichiro Yamada:	Bienvenue. Je vous en prie, entrez.
Jose Santos:	Merci beaucoup.
	………………………………………………
Tomoko Yamada:	Voulez-vous un café?
Maria Santos:	Oui, merci beaucoup.
	………………………………………………
Tomoko Yamada:	Tenez.
Maria Santos:	Merci.
	Cette cuillère est magnifique.
Tomoko Yamada:	Je l'ai reçue d'un collègue. C'est un souvenir du Mexique.

III. Vocabulaire de référence & informations

家族 (かぞく) Famille

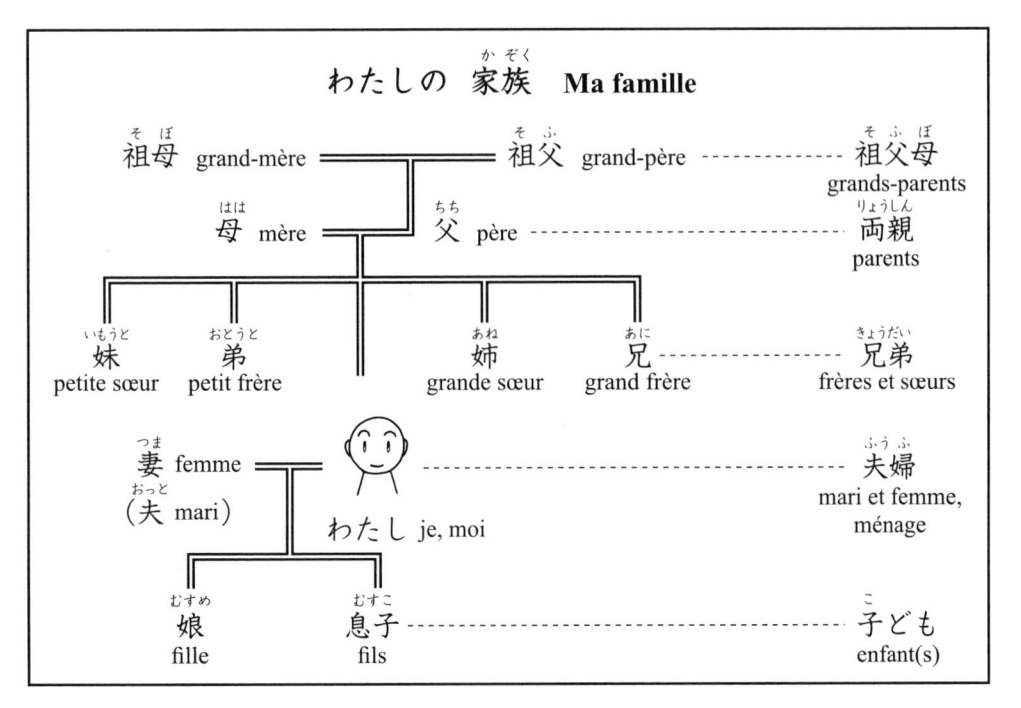

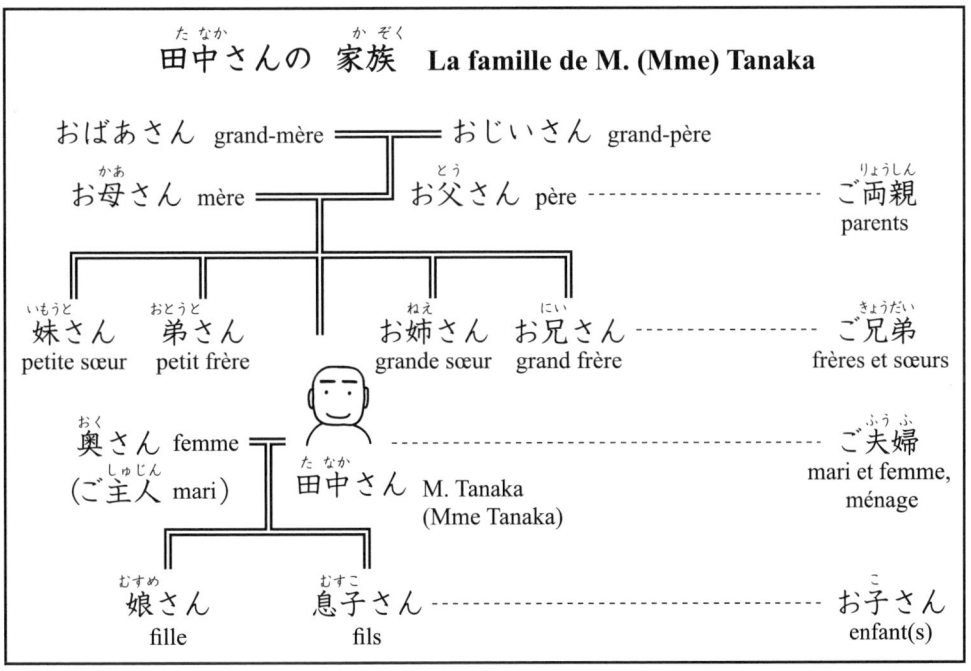

わたしの 家族 (かぞく) Ma famille

- 祖母 (そぼ) grand-mère
- 祖父 (そふ) grand-père
- 祖父母 (そふぼ) grands-parents
- 母 (はは) mère
- 父 (ちち) père
- 両親 (りょうしん) parents
- 妹 (いもうと) petite sœur
- 弟 (おとうと) petit frère
- 姉 (あね) grande sœur
- 兄 (あに) grand frère
- 兄弟 (きょうだい) frères et sœurs
- 妻 (つま) femme
- (夫 (おっと) mari)
- わたし je, moi
- 夫婦 (ふうふ) mari et femme, ménage
- 娘 (むすめ) fille
- 息子 (むすこ) fils
- 子ども (こ) enfant(s)

田中さんの 家族 (かぞく) La famille de M. (Mme) Tanaka

- おばあさん grand-mère
- おじいさん grand-père
- お母さん (かあ) mère
- お父さん (とう) père
- ご両親 (りょうしん) parents
- 妹さん (いもうと) petite sœur
- 弟さん (おとうと) petit frère
- お姉さん (ねえ) grande sœur
- お兄さん (にい) grand frère
- ご兄弟 (きょうだい) frères et sœurs
- 奥さん (おく) femme
- (ご主人 (しゅじん) mari)
- 田中さん (たなか) M. Tanaka (Mme Tanaka)
- ご夫婦 (ふうふ) mari et femme, ménage
- 娘さん (むすめ) fille
- 息子さん (むすこ) fils
- お子さん (こ) enfant(s)

7

IV. Explications grammaticales

1. | N(outil/moyen)で V |

Dans cette leçon, on étudie la particule で qui indique le moyen ou la méthode employé pour faire quelque chose.

① はしで 食べます。　　　　　　　　Je mange avec des baguettes.
② 日本語で レポートを 書きます。　　J'écris mon rapport en japonais.

2. | «Mot/Phrase» は ～語で 何ですか |

Cette question s'emploie pour demander comment se dit un mot ou une phrase dans une autre langue.

③ 「ありがとう」は 英語で 何ですか。　Comment dit-on «Arigatô» en anglais?
　……「Thank you」です。　　　　　　……C'est «Thank you».
④ 「Thank you」は 日本語で 何ですか。
　Comment dit-on «Thank you» en japonais?
　……「ありがとう」です。　　　　　　……On dit «Arigatô».

3. | N_1(personne)に N_2を あげます, etc. |

Les verbes tels que あげます, かします et おしえます signifient qu'on donne une chose ou une information, et nécessitent un receveur de cette chose ou de cette information. Le receveur est indiqué par la particule に.

⑤ [わたしは] 木村さんに 花を あげました。
　J'ai donné une fleur à Mlle Kimura.
⑥ [わたしは] イーさんに 本を 貸しました。　J'ai prêté un livre à Mlle Lee.
⑦ [わたしは] 山田さんに 英語を 教えます。　J'enseigne l'anglais à M. Yamada.

4. | N_1(personne)に N_2を もらいます, etc. |

Les verbes tels que もらいます, かります et ならいます signifient qu'on reçoit une chose ou une information, et nécessitent de préciser la personne qui donne. La personne qui est la source ou la provenance de ces actions est indiquée par la particule に.

⑧ [わたしは] 山田さんに 花を もらいました。
　J'ai reçu des fleurs de M. Yamada.
⑨ [わたしは] カリナさんに CDを 借りました。
　J'ai emprunté un CD à Karina.
⑩ [わたしは] ワンさんに 中国語を 習います。
　J'apprends le chinois avec M. Wang.

[Note] Dans cette structure de phrase, la particule に peut être remplacée par から. Lorsque N n'est pas une personne mais une organisation telle qu'une école ou une entreprise, から est utilisé.

⑪　[わたしは] 山田さんから 花を もらいました。
　　J'ai reçu des fleurs de M. Yamada.
⑫　銀行から お金を 借りました。
　　J'ai emprunté de l'argent à la banque.

5. もう Vました

もう signifie «déjà» et s'emploie avec Vました. Dans ce cas-là, Vました signifie que l'action est accomplie au moment de l'énonciation. もう Vましたか est utilisé pour demander si l'action a été accomplie ou non. Quand c'est accompli, on y répond affirmativement par はい、もう Vました. Pour la réponse négative (c'est-à-dire en cas de non accomplissement), on y répond par いいえ、Vて いません (L.31) ou いいえ、まだです. いいえ、Vませんでした ne peut pas être utilisé car cette expression signifie que quelque chose n'avait pas été fait dans le passé mais ne signifie pas que quelque chose n'est pas fait au présent.

⑬　もう 荷物を 送りましたか。　　　　Avez-vous déjà envoyé le paquet?
　　……はい、[もう] 送りました。　　　……Oui, je l'ai déjà envoyé.
　　……いいえ、まだ 送って いません。
　　……Non, je ne l'ai pas encore envoyé. (L.31)
　　……いいえ、まだです。　　　　　　……Non, pas encore.

6. Omission de particule

Dans une conversation, les particules sont souvent omises lorsque la relation des parties du discours régis par les particules est évidente.

⑭　この スプーン[は]、すてきですね。　　Cette cuillère est magnifique!
⑮　コーヒー[を]、もう 一杯 いかがですか。
　　Voulez-vous prendre une autre tasse de café? (L.8)

Leçon 8

I. Vocabulaire

ハンサム[な]		beau (garçon), bel (homme)
きれい[な]		joli, propre
しずか[な]	静か[な]	calme, tranquille
にぎやか[な]		animé, fréquenté, gai
ゆうめい[な]	有名[な]	célèbre, fameux
しんせつ[な]	親切[な]	gentil, aimable (ne s'emploie pas pour qualifier un membre de sa famille)
げんき[な]	元気[な]	en forme, vif, énergique
ひま[な]	暇[な]	libre (avoir du temps)
べんり[な]	便利[な]	pratique, commode
すてき[な]		joli, chouette, magnifique
おおきい	大きい	grand
ちいさい*	小さい	petit
あたらしい	新しい	nouveau, neuf, frais
ふるい	古い	vieux, ancien (ne s'emploie pas pour l'âge d'une personne)
いい (よい)		bon
わるい*	悪い	mauvais
あつい	暑い、熱い	chaud
さむい	寒い	froid (le temps «il fait froid»)
つめたい	冷たい	froid (la sensation éprouvée au contact d'un objet)
むずかしい	難しい	difficile
やさしい	易しい	facile, simple
たかい	高い	haut, élevé, cher, coûteux
やすい	安い	bon marché, pas cher
ひくい*	低い	bas
おもしろい		intéressant
おいしい		délicieux
いそがしい	忙しい	occupé, pris
たのしい	楽しい	agréable (comme activité)
しろい	白い	blanc
くろい	黒い	noir
あかい	赤い	rouge
あおい	青い	bleu
さくら	桜	cerisier, fleur de cerisier
やま	山	montagne

まち	町	ville, bourg, quartier
たべもの	食べ物	nourriture, aliment
ところ	所	endroit
りょう	寮	résidence, pension, internat
レストラン		restaurant
せいかつ	生活	vie (quotidienne)
[お]しごと	[お]仕事	travail, métier (〜を します: travailler)
どう		comment
どんな 〜		quel, quel genre de 〜
とても		très
あまり		pas très (utilisé avec la forme négative)
そして		Et (utilisé pour relier les phrases)
〜が、〜		〜, mais 〜

⟨練習 C⟩
| お元気ですか。 | Comment allez-vous? |
| そうですね。 | Eh bien…/Voyons…/Euh |

⟨会話⟩
[〜、]もう 一杯 いかがですか。	Voulez-vous prendre un(e) autre [〜]?
[いいえ、]けっこうです。	Non merci.
もう 〜です[ね]。	C'est déjà〜, [n'est-ce pas?]
そろそろ 失礼します。	Je vais bientôt partir.
いいえ。	Je vous en prie./De rien.
また いらっしゃって ください。	Revenez nous voir.

シャンハイ	Shanghai（上海）
金閣寺	Temple Kinkakuji (Pavillon d'or)
奈良公園	Parc Nara
富士山	mont Fuji (la plus haute montagne du Japon)
「七人の 侍」	«Les sept Samouraïs», film ancien d'Akira Kurosawa

II. Traduction

Structures-clés
1. Les cerisiers sont jolis.
2. Le mont Fuji est haut.
3. Les fleurs de cerisiers sont de jolies fleurs.
4. Le mont Fuji est une haute montagne.

Phrases-type
1. Est-ce que la ville d'Osaka est animée?
   ……Oui, elle est animée.
2. L'université Sakura est-elle célèbre?
   ……Non, elle n'est pas célèbre.
3. Fait-il froid à Pékin maintenant?
   ……Oui, il fait très froid.

   Et à Shanghai, fait-il froid aussi?
   ……Non, il ne fait pas très froid.
4. Comment est la résidence de l'université?
   ……Elle est ancienne mais pratique.
5. Hier, je suis allé chez M. Matsumoto (litt. Dans la maison de M. Matsumoto).
   ……Quel genre de maison est-ce?
   C'est une belle maison. Et c'est une grande maison.
6. Hier, j'ai vu un film intéressant.
   ……Qu'est-ce que vous avez vu?
   J'ai vu «Les sept Samouraïs».

Conversation

Nous allons bientôt partir.

Ichiro Yamada:	Maria, comment se passe la vie au Japon?
Maria Santos:	Tous les jours, la vie est très plaisante.
Ichiro Yamada:	Ah bon? Et vous, M. Santos, comment se passe le travail?
Jose Santos:	Eh bien, j'ai beaucoup de travail mais c'est intéressant.
	………………………………………………
Tomoko Yamada:	Voulez-vous prendre une autre tasse de café?
Maria Santos:	Non merci.
	………………………………………………
Jose Santos:	Il est déjà six heures. Nous allons bientôt partir.
Ichiro Yamada:	Vraiment?
Maria Santos:	Je vous remercie pour aujourd'hui.
Tomoko Yamada:	Je vous en prie. Revenez nous voir.

III. Vocabulaire de référence & informations

色・味 Couleur et goût

色 Couleur

nom		adjectif	nom		adjectif	
白	blanc	白い	黄色	jaune	黄色い	
黒	noir	黒い	茶色	marron	茶色い	
赤	rouge	赤い	ピンク	rose	—	
青	bleu	青い	オレンジ	orange	—	
緑	vert	—	グレー	gris	—	
紫	violet	—	ベージュ	beige	—	

味 Goût

甘い doux, sucré　　辛い piquant　　苦い amère　　塩辛い salé

酸っぱい acide, aigre　　濃い fort, corsé　　薄い léger, fade

春・夏・秋・冬 printemps, été, automne, hiver

Les quatre saisons sont clairement définies au Japon. Le printemps est défini de mars à mai, l'été de juin à août, l'automne de septembre à novembre et l'hiver de décembre à février. Les températures moyennes varient selon les endroits, mais les variations de température entre les saisons sont sensiblement les mêmes (voir le graphique). Le mois le plus chaud est le mois d'août et le plus froid est le mois de janvier ou février. Ce sont les variations de température qui font dire aux Japonais que le printemps est 'doux', l'été est 'chaud', l'automne est 'frais' et l'hiver est 'froid'.

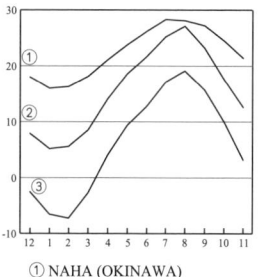

① NAHA (OKINAWA)
② TOKYO
③ ABASHIRI (HOKKAIDO)

IV. Explications grammaticales

1. Adjectifs

Les adjectifs sont utilisés en tant que prédicats dans une phrase comme N は adj です, en indiquant l'état d'un nom. Ils sont également utilisés pour qualifier un nom. Les adjectifs sont divisés en deux catégories, adjectif en い (い -adj) et adjectif en な (な -adj), en fonction de la façon dont ils se déclinent.

2.
```
N は な -adj[な] です
N は い -adj(〜い) です
```

La phrase adjectivale non passée affirmative se termine par です et montre l'attitude polie du locuteur à l'égard de l'interlocuteur. Quand な -adjectif se place devant です, la forme sans な est utilisée, mais い -adjectif garde 〜い quand il se place devant です.

① ワット先生は 親切です。　　　　　M.Watt est gentil.
② 富士山は 高いです。　　　　　　　Le mont Fuji est haut.

1) な -adj[な] じゃ(では) ありません

La forme non passée négative de な -adjectif est élaborée en ajoutant じゃ(では) ありません à cet adjectif sans な.

③ あそこは 静かじゃ(では) ありません。　　Ce n'est pas calme là-bas.

2) い -adj(〜い) です　→　〜くないです

La forme non passée négative de い -adj est élaborée en ajoutant くないです à la forme sans い qui est à la fin de cet adjectif.

④ この 本は おもしろくないです。　　Ce livre n'est pas intéressant.

[Note] La forme négative de いいです est よくないです.

3) Flexions adjectivales

	な -adjectif	い -adjectif
non-passé affirmatif	しんせつです	たかいです
non-passé négatif	しんせつじゃ(では) ありません	たかくないです

4) La forme interrogative des phrases adjectivales est construite de la même façon que les phrases nominales (L.1) et les phrases verbales (L.4). Pour la réponse, l'adjectif utilisé dans la question est repris. On ne peut pas répondre en utilisant そうです ni ちがいます.

⑤ ペキンは 寒いですか。　　　　　Fait-il froid à Pékin?
　……はい、寒いです。　　　　　　……Oui, il fait froid.
⑥ 奈良公園は にぎやかですか。　　Parc Nara est-il animé?
　……いいえ、にぎやかじゃ ありません。　……Non, il n'est pas animé.

3.
```
な -adj な N
い -adj(〜い) N
```

Lorsque l'adjectif qualifie un nom, il se place devant le nom. な -adjectif qualifie un nom tout en gardant な.

⑦ ワット先生は 親切な 先生です。　　M. Watt est un professeur gentil.
⑧ 富士山は 高い 山です。　　Le mont Fuji est une haute montagne.

4. ～が、～

が relie deux commentaires de façon adversative. Lorsqu'il y a des propositions adjectivales du même sujet, si la première proposition implique l'évaluation positive du locuteur, la deuxième proposition est une évaluation négative, et vice versa.

⑨ 日本の 食べ物は おいしいですが、高いです。

La nourriture japonaise est bonne mais chère.

5. とても／あまり

とても et あまり sont des adverbes de degré. Ils sont placés devant l'adjectif lorsqu'ils le qualifient. とても signifie «très» et s'emploie dans une phrase affirmative. あまり signifie «pas très» et s'emploie dans une phrase négative.

⑩ ペキンは とても 寒いです。　　Il fait très froid à Pékin.
⑪ これは とても 有名な 映画です。　　C'est un film très célèbre.
⑫ シャンハイは あまり 寒くないです。　　Il ne fait pas très froid à Shanghai.
⑬ さくら大学は あまり 有名な 大学じゃ ありません。

L'Université Sakura n'est pas une université très connue.

6. N は どうですか

Nは どうですか est utilisé pour demander l'impression ou l'opinion de l'interlocuteur sur la chose qu'il a expérimentée, sur le lieu qu'il a visité ou sur la personne qu'il a rencontrée, etc.

⑭ 日本の 生活は どうですか。　　Comment trouvez-vous la vie au Japon?
……楽しいです。　　……C'est agréable.

7. N₁ は どんな N₂ ですか

どんな est un pronom interrogatif utilisé pour demander l'état ou la nature d'une personne ou d'une chose. Il se place devant un nom et le qualifie.

⑮ 奈良は どんな 町ですか。

Comment est la ville de Nara? (litt. Quel genre de ville est Nara?)
……古い 町です。　　……C'est une ville ancienne.

8. そうですね

L'emploi de そうですね exprimant l'accord ou la sympathie a été expliqué dans la leçon 5. Dans cette leçon, on apprend l'usage de そうですね pour montrer que le locuteur est en train de réfléchir avant de répondre à une question, comme l'exemple ⑯.

⑯ お仕事は どうですか。　　Comment se passe votre travail?
……そうですね。忙しいですが、おもしろいです。
……Eh bien... je suis occupé, mais c'est intéressant.

Leçon 9

I. Vocabulaire

わかります		comprendre
あります		avoir
すき [な]	好き [な]	aimé, favori
きらい [な]	嫌い [な]	détesté
じょうず [な]	上手 [な]	habile
へた [な]	下手 [な]	maladroit
のみもの	飲み物	boisson
りょうり	料理	cuisine (〜を します : faire la cuisine)
スポーツ		sport (〜を します : faire du sport)
やきゅう	野球	baseball (〜を します : jouer au baseball)
ダンス		danse (〜を します : danser)
りょこう	旅行	voyage (〜[を] します : faire un voyage)
おんがく	音楽	musique
うた	歌	chanson
クラシック		classique
ジャズ		jazz
コンサート		concert
カラオケ		karaoke
かぶき	歌舞伎	kabuki (un des théâtres traditionnels japonais)
え	絵	peinture, dessin
じ*	字	lettre, caractère
かんじ	漢字	caractère chinois
ひらがな		hiragana
かたかな		katakana
ローマじ*	ローマ字	transcription romanisée
こまかい おかね	細かい お金	petite monnaie
チケット		billet, ticket

じかん	時間	temps, heure
よう じ	用事	quelque chose à faire
やくそく	約束	rendez-vous, promesse（～［を］します：faire la promesse）
アルバイト		travail à temps partiel（～を します：faire un travail à temps partiel）
ごしゅじん	ご主人	mari (de quelqu'un d'autre)
おっと／しゅじん	夫／主人	(mon) mari
おくさん	奥さん	femme (de quelqu'un d'autre)
つま／かない	妻／家内	(ma) femme
こども	子ども	enfant
よく		bien
だいたい		à peu près, presque
たくさん		beaucoup
すこし	少し	un peu
ぜんぜん	全然	pas du tout (s'emploie avec le négatif)
はやく	早く、速く	tôt, vite
～から		comme～
どうして		Pourquoi

〈練習 C〉

貸して ください。	Prêtez(-le)-moi.
いいですよ。	Oui. Je vous en prie.
残念です［が］	C'est dommage.

〈会話〉

ああ	Ah
いっしょに いかがですか。	Ne voudriez-vous pas qu'on fasse (quelque chose) ensemble?
［～は］ちょっと……。	［～］, c'est un peu difficile... (euphorisme pour décliner une invitation)
だめですか。	Vous ne pouvez pas...?
また 今度 お願いします。	N'hésitez pas à m'inviter une prochaine fois (s'emploie lorsque l'on décline une invitation indirectement, en prenant en considération le sentiment de celui qui l'a invité).

II. Traduction

Structures-clés
1. J'aime la cuisine italienne.
2. Je comprends un peu le japonais.
3. Comme aujourd'hui c'est l'anniversaire de mon enfant, je vais rentrer tôt chez moi.

Phrases-type
1. Aimez-vous les boissons alcoolisées?
   ……Non, je n'aime pas les boissons alcoolisées.
2. Quel sport aimez-vous?
   ……J'aime le football.
3. Karina dessine-t-elle bien?
   ……Oui, elle dessine très bien.
4. M. Tanaka, comprenez-vous l'indonésien?
   ……Non, je ne le comprends pas du tout.
5. Avez-vous de la monnaie?
   ……Non, je n'en ai pas.
6. Lisez-vous le journal tous les matins?
   ……Non, je ne le lis pas car je n'ai pas le temps.
7. Pourquoi êtes-vous rentré tôt hier?
   ……Parce que j'avais quelque chose à faire.

Conversation

C'est dommage.

Kimura: Oui?
Miller: Mlle Kimura? C'est M. Miller.
Kimura: Ah, M. Miller, bonsoir. Comment allez-vous?
Miller: Oui, je vais bien. Eh bien Mlle Kimura, ne voudriez-vous pas qu'on aille au concert de musique classique ensemble?
Kimura: Ce serait bien. Quand est-ce?
Miller: C'est le vendredi soir de la semaine prochaine.
Kimura: Vendredi? Vendredi soir, c'est un peu difficile...
Miller: Vous ne pouvez pas?
Kimura: Oui, c'est dommage mais j'ai un rendez-vous avec un ami.
Miller: Vraiment?
Kimura: Oui, n'hésitez pas à m'inviter une prochaine fois.

III. Vocabulaire de référence & informations

音楽・スポーツ・映画　Musique, Sport & Film

音楽 Musique

ポップス	pop
ロック	rock
ジャズ	jazz
ラテン	musique d'amérique latine
クラシック	musique classique
民謡	musique folk
演歌	chansons populaires japonaises
ミュージカル	comédie musicale
オペラ	opéra

映画 Film

SF	science fiction
ホラー	film d'horreur
アニメ	anime, film d'animation
ドキュメンタリー	documentaire
恋愛	film romantique
ミステリー	film policier à suspens
文芸	adaptation d'œuvre littéraire
戦争	film de guerre
アクション	film d'action
喜劇	comédie

スポーツ Sport

ソフトボール	softball	野球	baseball
サッカー	football	卓球／ピンポン	ping-pong
ラグビー	rugby	相撲	sumo
バレーボール	volleyball	柔道	judo
バスケットボール	basketball	剣道	kendo
テニス	tennis	水泳	natation
ボウリング	bowling		
スキー	ski		
スケート	patinage		

IV. Explications grammaticales

1. N が あります／わかります
　　N が 好きです／嫌いです／上手です／下手です

Les objets de certains verbes et adjectifs sont marqués par が.

① わたしは イタリア料理が 好きです。　　J'aime la cuisine italienne.
② わたしは 日本語が わかります。　　Je comprends le japonais.
③ わたしは 車が あります。　　J'ai une voiture.

2. どんな N

En plus de ce qui a été vu dans la leçon 8, la question formulée avec どんな peut donner lieu à une réponse avec un nom spécifique.

④ どんな スポーツが 好きですか。　　Quel sport aimez-vous?
　……サッカーが 好きです。　　……J'aime le football.

3. よく／だいたい／たくさん／少し／あまり／全然

Ces adverbes sont placés devant le verbe qu'ils modifient.

	adverbes de degré	adverbes de quantité
Utilisé avec affirmation	よく　　わかります だいたい　わかります すこし　　わかります	たくさん あります すこし　 あります
Utilisé avec négation	あまり　　わかりません ぜんぜん わかりません	あまり　　ありません ぜんぜん ありません

⑤ 英語が よく わかります。　　Je comprends bien l'anglais.
⑥ 英語が 少し わかります。　　Je comprends un peu l'anglais.
⑦ 英語が あまり わかりません。　　Je ne comprends pas bien l'anglais.
⑧ お金が たくさん あります。　　J'ai beaucoup d'argent.
⑨ お金が 全然 ありません。　　Je n'ai pas du tout d'argent.

[Note] すこし, ぜんぜん et あまり peuvent aussi modifier l'adjectif.

⑩ ここは 少し 寒いです。　　Il fait un peu froid ici.
⑪ あの 映画は 全然 おもしろくないです。
　　Ce film n'est pas du tout intéressant.

4. ～から、～

La partie qui précède から constitue la raison de ce qui suit.

⑫ 時間が ありませんから、新聞を 読みません。

  Comme je n'ai pas le temps, je ne lis pas le journal.

On peut également ajouter une raison avec la construction ～から.

⑬ 毎朝 新聞を 読みますか。
  ……いいえ、読みません。時間が ありませんから。

  Lisez-vous le journal tous les matins?
  ……Non, je ne le lis pas. Parce que je n'ai pas le temps.

5. どうして

どうして est un pronom interrogatif pour demander une raison. から est ajouté à la fin de la réponse pour donner la raison.

⑭ どうして 朝 新聞を 読みませんか。
  ……時間が ありませんから。

  Pourquoi ne lisez-vous pas le journal le matin?
  ……Parce que je n'ai pas le temps.

La question どうしてですか est aussi utilisée pour demander à l'interlocuteur la raison de quelque chose qu'il vient de dire, sans avoir à répéter la phrase.

⑮ きょうは 早く 帰ります。   Je vais rentrer tôt aujourd'hui.
  ……どうしてですか。   ……Pourquoi?
  子どもの 誕生日ですから。   Parce que c'est l'anniversaire de mon enfant.

Leçon 10

I. Vocabulaire

あります		il y a, exister, se trouver (s'emploie sur ce qui n'est pas animé, qui est immobile)
います		il y a, exister, se trouver (s'emploie sur ce qui est animé, qui bouge)
いろいろ[な]		divers, varié
おとこの ひと	男の 人	homme
おんなの ひと	女の 人	femme
おとこの こ	男の 子	garçon
おんなの こ	女の 子	fille
いぬ	犬	chien
ねこ	猫	chat
パンダ		panda
ぞう	象	éléphant
き	木	arbre
もの	物	chose
でんち	電池	pile
はこ	箱	boîte
スイッチ		interrupteur
れいぞうこ	冷蔵庫	réfrigérateur
テーブル		table
ベッド		lit
たな	棚	étagère
ドア		porte
まど	窓	fenêtre
ポスト		boîte à lettres
ビル		immeuble
ATM		distributeur de billet
コンビニ		supérette souvent ouvert 7j/7, 24h/24
こうえん	公園	parc
きっさてん	喫茶店	café, salon de thé
〜や	〜屋	magasin de 〜
のりば	乗り場	arrêt, emplacement pour prendre le taxi, le bus, etc.

けん	県	préfecture
うえ	上	dessus, sur, en haut
した	下	dessous, sous, en bas
まえ	前	devant, en face
うしろ		derrière, arrière
みぎ	右	droite
ひだり	左	gauche
なか	中	intérieur, dedans, dans
そと*	外	extérieur, dehors
となり	隣	à côté, voisin
ちかく	近く	proximité, près
あいだ	間	entre, parmi

～や　～[など]　　　　　　　　　　～ et ～[entre autres]

〈会話〉

[どうも] すみません。	Merci [beaucoup].
ナンプラー	nam pla (sauce de poisson thaïlandaise)
コーナー	rayon
いちばん 下	en bas

....

東京 ディズニーランド	Disneyland Tokyo
アジアストア	supermarché fictif

II. Traduction

Structures-clés
1. Il y a une supérette (combini) là-bas.
2. Il y a Mlle Sato dans le hall.
3. Disneyland Tokyo est dans la préfecture de Chiba.
4. Ma famille est à New York.

Phrases-type
1. Y a-t-il un distributeur de billet dans cet immeuble?
   ……Oui, il se trouve au 1er étage.
2. Il y a un homme là-bas, n'est-ce pas? Qui est cette personne?
   ……C'est M. Matsumoto d'IMC.
3. Qui est dans le jardin?
   ……Il n'y a personne. Il y a un chat.
4. Qu'y a-t-il dans la boîte?
   ……Il y a de vieilles lettres, des photos, etc....
5. Où est le bureau de poste?
   ……Il est près de la gare, en face de la banque.
6. Où est M. Miller?
   ……Il est dans la salle de réunion.

Conversation

Y a-t-il du nam pla (sauce de poisson thaïlandaise)?

Miller:	Excusez-moi. Où est Asia Store?
Une femme:	Asia Store? Vous voyez l'immeuble blanc là-bas? C'est à l'intérieur.
Miller:	D'accord. Je vous remercie.
La femme:	Je vous en prie.
	………………………………………………………
Miller:	Excusez-moi, avez-vous de la sauce nam pla?
Vendeur:	Oui, il y a un rayon de produits de cuisine thaïlandaise. Le nam pla se trouve en bas du rayon.
Miller:	D'accord. Merci.

III. Vocabulaire de référence & informations

うちの中　　Intérieur de la maison

① 玄関 (げんかん)　　entrée
② トイレ　　toilettes
③ ふろ場 (ば)　　salle de bain
④ 洗面所 (せんめんじょ)　　salle d'eau
⑤ 台所 (だいどころ)　　cuisine
⑥ 食堂 (しょくどう)　　salle à manger
⑦ 居間 (いま)　　séjour
⑧ 寝室 (しんしつ)　　chambre
⑨ 廊下 (ろうか)　　couloir
⑩ ベランダ　　balcon

Comment utiliser le bain japonais

① On se lave et on se rince à l'extérieur de la baignoire avant d'entrer dans le bain.

② Le savon et le shampoing ne sont jamais utilisés dans la baignoire. La baignoire est utilisée pour se réchauffer et se décontracter.

③ En sortant du bain, il ne faut pas vider la baignoire mais la recouvrir pour que quelqu'un puisse prendre un bain par la suite.

Comment utiliser les toilettes

style japonais　　　　style occidental

IV. Explications grammaticales

1. | N が あります／います |

あります et います indiquent respectivement l'existence d'une chose et d'une personne, etc. Le locuteur utilise cette construction pour dire à son interlocuteur qu'il y a une chose ou une personne en le décrivant tel qu'il est.
Le nom qui représente quelque chose existant est marqué par la particule が.

1) あります s'emploie quand le sujet est inanimé ou ne bouge pas par lui-même tel qu'un objet, une plante, etc.

① コンピューターが あります。　　Il y a un ordinateur.
② 桜が あります。　　Il y a des cerisiers.
③ 公園が あります。　　Il y a un parc.

2) います s'emploie quand le sujet est animé et bouge par lui-même tel qu'un être humain, un animal, etc.

④ 男の人が います。　　Il y a un homme.
⑤ 犬が います。　　Il y a un chien.

2. | Lieu に N が あります／います |

Cette structure de phrase est utilisée pour situer ce qui existe dans un lieu défini.

1) Le lieu où se trouve un objet ou une personne est marqué par la particule に.

⑥ わたしの 部屋に 机が あります。　Il y a un bureau dans ma chambre.
⑦ 事務所に ミラーさんが います。　Il y a M. Miller dans le bureau.

2) Le pronom interrogatif なに est utilisé lorsqu'on demande quel objet existe, alors que le pronom interrogatif だれ est utilisé lorsqu'on demande qui existe.

⑧ 地下に 何が ありますか。　　Qu'est-ce qu'il y a au sous-sol?
　……レストランが あります。　　……Il y a des restaurants.
⑨ 受付に だれが いますか。　　Qui est à l'accueil?
　……木村さんが います。　　……Mlle Kimura est là.

[Note] Il faut rappeler que la particule qui suit un pronom interrogatif est toujours が (×なには ×だれは).

3. | N は lieu に あります／います |

Dans cette structure de phrase, le locuteur thématise N (ce qui existe) de «2. Lieu に N が あります／います» et indique où il se trouve. Le nom est marqué par la particule は et placé au début de la phrase. Ce nom thématisé est quelque chose de connu aussi bien par le locuteur que par l'interlocuteur.

⑩ 東京ディズニーランドは 千葉県に あります。
　Disneyland Tokyo est dans la préfecture de Chiba.
⑪ ミラーさんは 事務所に います。　　M. Miller est dans le bureau.
⑫ 東京ディズニーランドは どこに ありますか。　Où est Disneyland Tokyo?
　……千葉県に あります。　　……C'est dans la préfecture de Chiba.

⑬ ミラーさんは どこに いますか。　　　Où est M. Miller?
　……事務所に います。　　　　　　　……Il est dans le bureau.

[Note] Cette structure de phrase peut être remplacée par «N は lieu です (L.3)». Dans ce cas-là, il faut rappeler que le pronom interrogatif (どこ) ou le nom (ちばけん) qui vient devant です ne prend pas la particule に.

⑭ 東京ディズニーランドは どこですか。Où est Disneyland Tokyo?
　……千葉県です。　　　　　　　　　　……C'est dans la préfecture de Chiba.

4. N_1(chose/personne/lieu) の N_2(position)

Lorsque N_2 représente la direction ou la position telles que うえ, した, まえ, うしろ, みぎ, ひだり, なか, そと, となり, ちかく et あいだ, cela indique la relation de position avec N_1.

⑮ 机の 上に 写真が あります。　　Il y a une photo sur le bureau.
⑯ 郵便局は 銀行の 隣に あります。Le bureau de poste est à côté de la banque.
⑰ 本屋は 花屋と スーパーの 間に あります。
　　La librairie est entre le fleuriste et le supermarché.

[Note] Ces mots peuvent être utilisés pour indiquer le lieu de l'action quand il est marqué par la particule de lieu で.

⑱ 駅の 近くで 友達に 会いました。　J'ai rencontré des amis près de la gare.

5. N_1 や N_2

La particule と, expliquée dans la Leçon 4, s'emploie lorsqu'on énumère en coordination tous les noms de façon exhaustive. En revanche, la particule や est utilisée lorsqu'on énumère quelques (plus de deux) représentatifs. On peut mettre など après le dernier nom énuméré pour préciser qu'il y a aussi d'autres choses que les noms énumérés.

⑲ 箱の 中に 手紙や 写真が あります。
　　Il y a des lettres et des photos, entre autres, dans la boîte.
⑳ 箱の 中に 手紙や 写真などが あります。
　　Il y a des lettres et des photos, entre autres, dans la boîte.

6. アジアストアですか

La conversation de cette leçon commence par l'échange suivant.

㉑ すみません。アジアストアは どこですか。
　……アジアストアですか。(中略) あの ビルの 中です。

　Excusez-moi. Où est Asia store?

　……Asia store? (phrase omise) C'est à l'intérieur de cet immeuble.

Dans une conversation authentique, il est fréquent qu'on ne réponde pas immédiatement à la question, mais qu'on réponde après avoir vérifié le point essentiel de la question.

Leçon 11

I. Vocabulaire

います [こどもが～]	[子どもが～]	avoir [un enfant]
います [にほんに～]	[日本に～]	être, rester [au Japon]
かかります		Il faut, cela prend (s'emploie pour le temps et l'argent)
やすみます [かいしゃを～]	休みます [会社を～]	s'absenter [du travail]
ひとつ	1つ	un (utilisé lorsqu'on compte les objets)
ふたつ	2つ	deux
みっつ	3つ	trois
よっつ	4つ	quatre
いつつ	5つ	cinq
むっつ	6つ	six
ななつ	7つ	sept
やっつ	8つ	huit
ここのつ	9つ	neuf
とお	10	dix
いくつ		combien
ひとり	1人	une personne
ふたり	2人	deux personnes
－にん	－人	－ personne(s)
－だい	－台	(auxiliaire numéral pour compter les machines et les voitures, etc.)
－まい	－枚	(auxiliaire numéral pour compter les papiers, timbres, etc.)
－かい	－回	－ fois
りんご		pomme
みかん		mandarine
サンドイッチ		sandwich
カレー[ライス]		[riz au] curry
アイスクリーム		glace
きって	切手	timbre
はがき		carte postale
ふうとう	封筒	enveloppe
りょうしん	両親	parents
きょうだい	兄弟	frères et sœurs
あに	兄	(mon) grand frère

おにいさん*	お兄さん	grand frère (de quelqu'un d'autre)
あね	姉	(ma) grande sœur
おねえさん*	お姉さん	grande sœur (de quelqu'un d'autre)
おとうと	弟	(mon) petit frère
おとうとさん*	弟さん	petit frère (de quelqu'un d'autre)
いもうと	妹	(ma) petite sœur
いもうとさん*	妹さん	petite sœur (de quelqu'un d'autre)
がいこく	外国	pays étranger
りゅうがくせい	留学生	étudiant étranger
クラス		classe
ーじかん	ー時間	ー heure(s)
ーしゅうかん	ー週間	ー semaine(s)
ーかげつ	ーか月	ー mois
ーねん	ー年	ー an(s)
〜ぐらい		environ 〜
どのくらい		combien
ぜんぶで	全部で	en tout
みんな		tout, tous
〜だけ		seulement 〜

〈練習 C〉
かしこまりました。　　　　　　　　　　À votre service.

〈会話〉
いい [お]天気ですね。　　　　　　　　Il fait beau, n'est-ce pas?
お出かけですか。　　　　　　　　　　Vous sortez?
ちょっと 〜まで。　　　　　　　　　　Je vais juste à 〜.
行ってらっしゃい。　　　　　　　　　Bonne journée et à tout à l'heure. (litt. Partez et revenez.)
行って きます。　　　　　　　　　　À tout à l'heure. (litt. Je reviens.)
船便　　　　　　　　　　　　　　　　par bateau
航空便（エアメール）　　　　　　　　par avion
お願いします。　　　　　　　　　　　S'il vous plaît.

....

オーストラリア　　　　　　　　　　　Australie

II. Traduction

Structures-clés
1. Il y a sept tables dans la salle de réunion.
2. Je suis au Japon pour un an. / Je suis au Japon depuis un an.

Phrases-type
1. Combien de pommes avez-vous acheté?
   ……J'en ai acheté quatre.
2. Donnez-moi cinq timbres à 80 yen et deux cartes postales.
   ……Oui, cela fait 500 yen en tout.
3. Y a-t-il des professeurs étrangers à l'Université Fuji?
   ……Oui, il y en a trois. Ils sont tous Américains.
4. Combien de frères et sœurs avez-vous?
   ……Nous sommes quatre. J'ai deux grandes sœurs et un grand frère.
5. Combien de fois par semaine jouez-vous au tennis?
   ……J'y joue environ 2 fois.
6. Combien de temps avez-vous étudié l'espagnol, M. Tanaka?
   ……Je l'ai étudié pendant trois mois.
   Seulement trois mois? Vous parlez bien.
7. D'Osaka jusqu'à Tokyo, combien de temps faut-il en Shinkansen?
   ……Cela prend deux heures et demie.

Conversation

Celui-ci, s'il vous plaît.

Concierge:	Il fait beau. Vous sortez?
Wang:	Oui, je vais juste au bureau de poste.
Concierge:	D'accord. Bonne journée et à tout à l'heure.
Wang:	À tout à l'heure.

………………………………………………………

Wang:	Je voudrais envoyer ceci en Australie.
Postier:	Oui, par bateau ou par avion?
Wang:	Combien cela coûte par avion?
Postier:	C'est 7 600 yen.
Wang:	Et par bateau?
Postier:	C'est 3 450 yen.
Wang:	Combien de temps cela prend-il?
Postier:	Par avion, cela prend 7 jours et par bateau, environ 2 mois.
Wang:	Alors, par bateau s'il vous plaît.

III. Vocabulaire de référence & informations

メニュー   Menu

定食（ていしょく）	plat de menu, formule
ランチ	plat du jour (de midi) de style occidental
天どん（てん）	bol de riz recouvert de tempura, beignets japonais cuits avec la sauce
親子どん（おやこ）	bol de riz recouvert de poulet, d'œuf et d'oignon cuits avec de la sauce
牛どん（ぎゅう）	bol de riz recouvert de petits morceaux de bœuf et d'oignon cuits avec de la sauce
焼き肉（やきにく）	viande grillée
野菜いため（やさい）	légumes sautés
漬物（つけもの）	légumes macérés à la japonaise
みそ汁（しる）	soupe miso
おにぎり	boule de riz
てんぷら	beignet de poissons, de fruits de mer ou de légumes
すし	sushi (riz vinaigré avec du poisson cru)
うどん	nouille japonaise à base de farine de blé
そば	nouille japonaise à base de sarrasin
ラーメン	nouille chinoise en soupe avec de la viande et des légumes
焼きそば（や）	nouille chinoise sautée avec de la viande et des légumes
お好み焼き（この や）	crêpe japonaise cuite avec de la viande, des légumes et des œufs

カレーライス	riz au curry
ハンバーグ	steak haché préparé à la japonaise
コロッケ	croquette
えびフライ	crevette panée à la japonaise
フライドチキン	poulet frit
サラダ	salade
スープ	soupe
スパゲッティ	spaghetti
ピザ	pizza
ハンバーガー	hamburger
サンドイッチ	sandwich
トースト	pain grillé
コーヒー	café
紅茶（こうちゃ）	thé anglais
ココア	chocolat (à boire)
ジュース	jus (de fruit)
コーラ	coca

IV. Explications grammaticales

1. Comment compter les nombres

1) Les mots ひとつ, ふたつ, ……とお sont utilisés pour compter des choses jusqu'à 10. A partir de 11, on utilise les nombres à partir des combinaisons de chiffres.

2) Divers auxiliaires numéraux ou suffixes

   Pour compter des personnes ou des choses ou pour indiquer la quantité de quelque chose, on utilise différents auxiliaires numéraux ou suffixes en fonction de ce qu'on compte. Ils sont placés après le nombre.

一人	personnes. Sauf une personne ひとり (1人), et deux personnes ふたり (2人). 4人 se prononce よにん.
一台	machines et véhicules
一枚	objets fins ou plats, tels que du papier, une chemise, une assiette, un CD, etc.
一回	nombre de fois
一分	minutes
一時間	heures
一日	jours (Comme les dates, sauf qu'«un jour» se compte いちにち, mais pas ついたち (le 1ᵉʳ du mois)).
一週間	semaines
一か月	mois
一年	ans

2. Comment utiliser les auxiliaires numéraux

1) Le quantitatif (un chiffre suivi d'un auxiliaire numéral ou d'un suffixe) se place, de façon générale, juste après le nom + particule qui détermine le type du quantitatif. Néanmoins, les quantitatifs exprimant une durée ne suivent pas toujours cette règle.

   ① りんごを 4つ 買いました。　　J'ai acheté quatre pommes.
   ② 外国人の 学生が 2人 います。　Il y a deux étudiants étrangers.
   ③ 国で 2か月 日本語を 勉強しました。
   　　J'ai étudié le japonais pendant deux mois dans mon pays.

2) Comment demander une quantité

   (1) いくつ

   Pour demander le nombre de choses qu'on peut compter avec la façon expliquée dans 1-1), on utilise いくつ.

   ④ みかんを いくつ 買いましたか。　Combien de mandarines avez-vous acheté?
   　……8つ 買いました。　　　　　……J'en ai acheté huit.

   (2) なん + auxiliaire numéral

   Pour demander le nombre de choses portant un auxiliaire numéral, comme présenté dans 1-2), on utilise なん + auxiliaire numéral.

⑤ この 会社に 外国人が 何人 いますか。
　……5人 います。

　Combien d'étrangers y a-t-il dans cette entreprise?
　…… Il y en a cinq.

⑥ 毎晩 何時間 日本語を 勉強しますか。
　……2時間 勉強します。

　Combien d'heures étudiez-vous le japonais tous les soirs?
　……J'étudie deux heures.

(3) どのくらい

Pour demander une durée, どのくらい est utilisé.

⑦ どのくらい 日本語を 勉強しましたか。
　……3年 勉強しました。

　Combien de temps avez-vous étudié le japonais?
　……Je l'ai étudié pendant trois ans.

⑧ 大阪から 東京まで どのくらい かかりますか。
　……新幹線で 2時間半 かかります。

　Combien de temps dure le trajet d'Osaka à Tokyo?
　……Il faut deux heures et demie en Shinkansen.

3) 〜ぐらい

ぐらい est ajouté au mot quantitatif et signifie «environ».

⑨ 学校に 先生が 30人ぐらい います。

　Il y a environ 30 professeurs dans l'école.

⑩ 15分ぐらい かかります。　　　　　Il faut environ quinze minutes.

3. | Mot quantitatif (période) に 一回 V |

Cette expression indique la fréquence.

⑪ 1か月に 2回 映画を 見ます。　　Je vais au cinéma deux fois par mois.

4. | Mot quantitatif だけ／N だけ |

だけ est placé après le mot quantitatif ou le nom et signifie qu' «il n'y a rien (personne) d'autre.»

⑫ パワー電気に 外国人の 社員が 1人だけ います。

　Il y a un seul employé étranger chez Power Electric.

⑬ 休みは 日曜日だけです。　　　　Mon seul jour de repos est dimanche.

Leçon 12

I. Vocabulaire

かんたん[な]	簡単[な]	facile, simple
ちかい	近い	proche
とおい *	遠い	loin
はやい	速い、早い	tôt, rapide
おそい *	遅い	tard, lent
おおい [ひとが〜]	多い [人が〜]	beaucoup de [monde], nombreux
すくない * [ひとが〜]	少ない [人が〜]	peu de [monde], peu nombreux
あたたかい	暖かい、温かい	il fait doux, chaud, tiède
すずしい	涼しい	il fait frais
あまい	甘い	sucré, doux
からい	辛い	piquant, salé
おもい	重い	lourd
かるい *	軽い	léger
いい [コーヒーが〜]		préférer [le café]
きせつ	季節	saison
はる	春	printemps
なつ	夏	été
あき	秋	automne
ふゆ	冬	hiver
てんき	天気	temps
あめ	雨	pluie
ゆき	雪	neige
くもり	曇り	nuageux
ホテル		hôtel
くうこう	空港	aéroport
うみ	海	mer
せかい	世界	monde
パーティー		réception, soirée, fête, pot (〜を します : organiser une soirée)
[お]まつり	[お]祭り	fête, fête populaire, festival

すきやき*	すき焼き	sukiyaki (plat de bœuf et de légumes cuits dans une casserole)
さしみ*	刺身	sashimi (poisson cru tranché finement)
[お]すし		sushi (riz vinaigré avec le poisson cru dessus)
てんぷら		tempura (beignets légers de fruit de mer et de légumes)
ぶたにく*	豚肉	porc
とりにく	とり肉	poulet
ぎゅうにく	牛肉	bœuf
レモン		citron
いけばな	生け花	arrangement floral (〜を します: faire de l'arrangement floral)
もみじ	紅葉	érable, feuille rouge d'automne
どちら		lequel (des deux)
どちらも		les deux, l'un comme l'autre
いちばん		le plus
ずっと		beaucoup
はじめて	初めて	pour la première fois

〈会話〉

ただいま。	Bonjour. (litt. Je suis de retour.)
お帰りなさい。	Bonjour. (litt. Te voilà de retour.)
わあ、すごい 人ですね。	Hum, il y a énormément de monde!
疲れました。	Je suis fatigué.

祇園祭	la fête de Gion (la fête la plus célèbre de Kyoto)
ホンコン	Hong Kong (香港)
シンガポール	Singapour
ABCストア	supermarché fictif
ジャパン	supermarché fictif

II. Traduction

Structures-clés
1. Hier, il pleuvait.
2. Hier, il faisait froid.
3. Hokkaido est plus grand que Kyushu.
4. Dans l'année, c'est l'été que je préfère.

Phrases-type
1. Est-ce que Kyoto était calme?
   ……Non, ce n'était pas calme.
2. Est-ce que votre voyage a été agréable?
   ……Oui, c'était agréable.

   Faisait-il beau?
   ……Non, il ne faisait pas très beau.
3. Comment était la soirée d'hier?
   ……C'était très animé. J'ai rencontré plusieurs personnes.
4. Fait-il plus froid à New York qu'à Osaka?
   ……Oui, il fait beaucoup plus froid.
5. Lequel est plus rapide entre le train et le bus pour aller à l'aéroport?
   ……Le train est plus rapide.
6. Que préférez-vous entre la mer et la montagne?
   ……J'aime autant les deux.
7. Que préférez-vous dans la cuisine japonaise?
   ……C'est les tempura que je préfère.

Conversation

Comment s'est passée la fête de Gion?

Miller: Bonjour. (litt. Je suis rentré.)
Concierge: Bonjour. (litt. Vous voici de retour.)
Miller: Ceci est un souvenir de Kyoto.
Concierge: Merci beaucoup. Comment s'est passée la fête de Gion?
Miller: C'était amusant et très animé.
Concierge: La fête de Gion est la plus connue des fêtes de Kyoto.
Miller: Ah bon? J'ai pris beaucoup de photos. Regardez.
Concierge: Hum, il y a énormément de monde!
Miller: Oui, ça m'a un peu fatigué.

III. Vocabulaire de référence & informations

祭りと名所　Fêtes & lieux connus

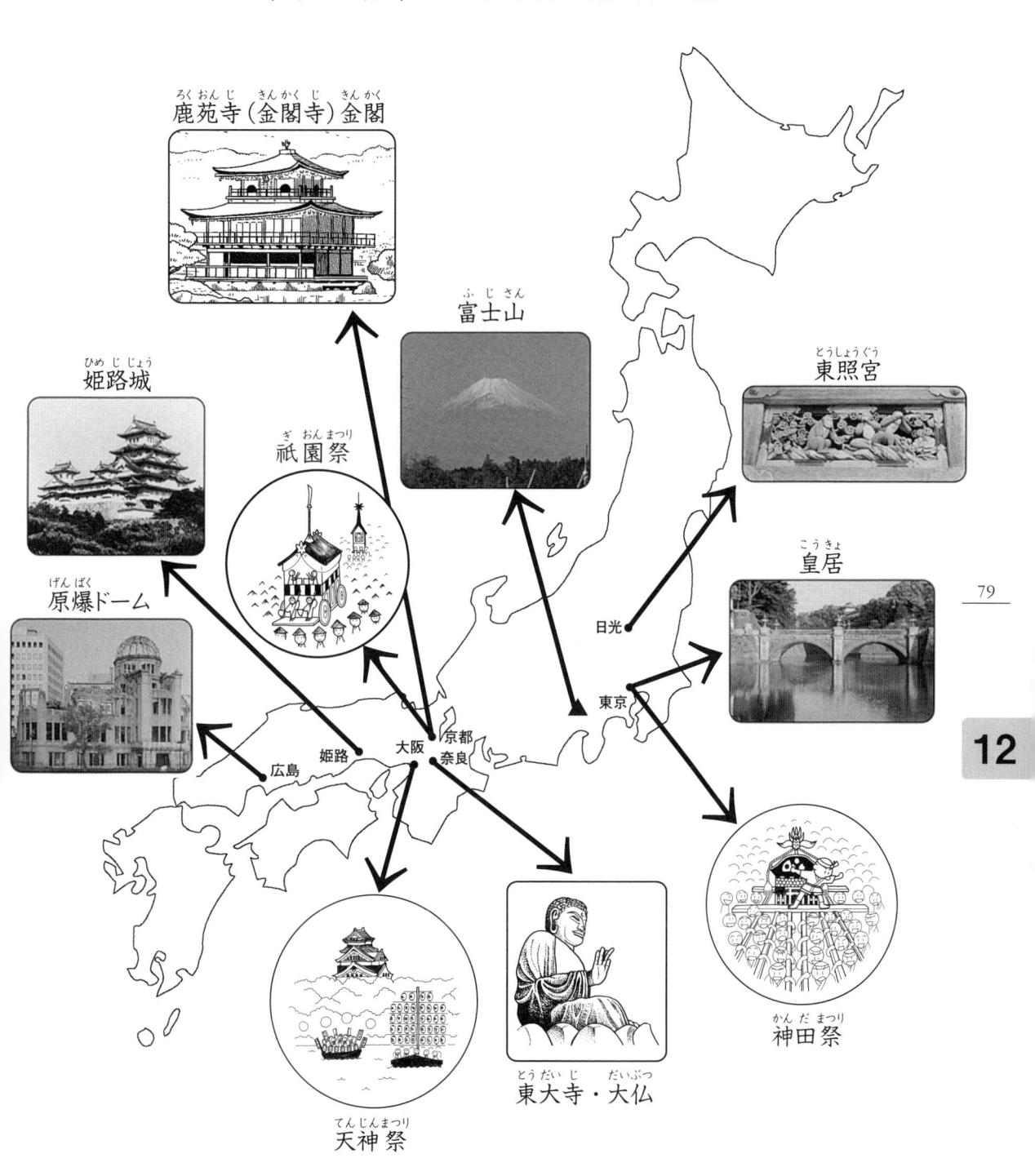

- 鹿苑寺（金閣寺）金閣
- 富士山
- 姫路城
- 東照宮
- 祇園祭
- 皇居
- 原爆ドーム
- 日光
- 東京
- 姫路
- 大阪
- 京都
- 奈良
- 広島
- 天神祭
- 東大寺・大仏
- 神田祭

79

12

IV. Explications grammaticales

1. Temps et forme affirmative/négative des phrases nominales et des phrases avec な -adjectif

			non-passé (présent/futur)			passé
forme affirmative	nom な -adjectif	あめ しずか	です	nom な -adjectif	あめ しずか	でした
forme négative	nom な -adjectif	あめ しずか	じゃ ありません (では)	nom な -adjectif	あめ しずか	じゃ ありませんでした (では)

① きのうは 雨でした。　　Il a plu hier.

② きのうの 試験は 簡単じゃ ありませんでした。
　　L'examen d'hier n'était pas facile.

2. Temps et forme affirmative/négative de la phrase avec い -adjectif

	non-passé (présent/futur)	passé
forme affirmative	あついです	あつかったです
forme négative	あつくないです	あつくなかったです

③ きのうは 暑かったです。　Il faisait chaud hier.

④ きのうの パーティーは あまり 楽しくなかったです。
　　La soirée d'hier n'était pas très agréable.

3. N_1 は N_2 より adjectif です

Cette structure de phrase est utilisée pour décrire la nature et l'état de N_1 en comparaison de N_2.

⑤ この 車は あの 車より 大きいです。
　　Cette voiture-ci est plus grande que cette voiture-là.

4. N_1 と N_2 と どちらが adjectif ですか
　……N_1／N_2 の ほうが adjectif です

Quand on compare deux items, quel que soit le terme, c'est le pronom interrogatif どちら qui est toujours utilisé.

⑥ サッカーと 野球と どちらが おもしろいですか。
　……サッカーの ほうが おもしろいです。
　　Lequel est plus intéressant, le football ou le baseball?
　　……Le football est plus intéressant.

⑦ ミラーさんと サントスさんと どちらが テニスが 上手ですか。
　　Lequel joue mieux au tennis, M. Miller ou M. Santos?

⑧ 北海道と 大阪と どちらが 涼しいですか。
　　Où fait-il plus frais, Hokkaido ou Osaka?

⑨ 春と 秋と どちらが 好きですか。
　　Que préférez-vous, le printemps ou l'automne?

5.
N₁[の 中]で { 何 / どこ / だれ / いつ } が いちばん **adjectif** ですか
……N₂ が いちばん **adjectif** です

で indique le champ. Cette structure de phrase est utilisée pour demander à l'interlocuteur de choisir, dans le champ de N₁, une chose, un lieu, une personne ou un moment dont l'état ou la nature représenté par l'adjectif est le plus élevé. Le pronom interrogatif à utiliser est déterminé selon la catégorie à laquelle appartient ce qui va être choisi.

⑩ 日本料理[の 中]で 何が いちばん おいしいですか。
　　……てんぷらが いちばん おいしいです。
　　Parmi les plats japonais, lequel est le meilleur?
　　……C'est la tempura qui est la plus savoureuse.

⑪ ヨーロッパで どこが いちばん よかったですか。
　　……スイスが いちばん よかったです。
　　En Europe, quel endroit était le meilleur?
　　……C'est la Suisse que j'ai trouvé le meilleur.

⑫ 家族で だれが いちばん 背が 高いですか。
　　…… 弟が いちばん 背が 高いです。
　　Qui est le plus grand de la famille?
　　……C'est mon petit frère qui est le plus grand. (L.16)

⑬ 1年で いつが いちばん 寒いですか。
　　Quand est-ce qu'il fait le plus froid dans l'année?
　　……2月が いちばん 寒いです。　　……C'est en février qu'il fait le plus froid.

[Note] Lorsque, dans une phrase interrogative, un pronom interrogatif demande le sujet d'une phrase adjectivale, il est marqué par la particule が. (L.10)

6. **Adjectif の**　(の qui remplace un nom)

Dans la leçon 2, の ayant fonction de remplacer un nom mentionné précédemment, sous la forme de N₁の, a été étudié. Dans cette leçon, あついの qui figure dans l'exemple contient le の qui remplace un nom avec la structure «adjectif の», comme «N₁ の».

⑭ カリナさんの かばんは どれですか。　　Lequel est le sac de Karina?
　　……あの 赤くて、大きいのです。　　……C'est celui qui est rouge et grand.
(L.16)

Leçon 13

I. Vocabulaire

あそびます	遊びます	s'amuser, jouer
およぎます	泳ぎます	nager
むかえます	迎えます	accueillir, aller chercher (quelqu'un)
つかれます	疲れます	se fatiguer (lorsqu'on exprime l'état de fatigue, on emploie la た -forme comme つかれました)
けっこんします	結婚します	se marier
かいものします	買い物します	faire des courses
しょくじします	食事します	prendre un repas
さんぽします [こうえんを〜]	散歩します [公園を〜]	se promener [dans un parc]
たいへん[な]	大変[な]	dur, pénible, difficile
ほしい	欲しい	vouloir (quelque chose)
ひろい	広い	spacieux, large
せまい	狭い	exigu, étroit
プール		piscine
かわ	川	rivière, fleuve
びじゅつ	美術	beaux-arts
つり	釣り	pêche (〜を します：pêcher)
スキー		ski (〜を します：faire du ski)
しゅうまつ	週末	week-end
[お]しょうがつ	[お]正月	le nouvel an
〜ごろ		vers 〜 (moment)
なにか	何か	quelque chose
どこか		quelque part

〈練習C〉

のどが かわきます	avoir soif (lorsqu'on exprime le fait d'avoir soif, on emploie la た-forme comme のどが かわきました)
おなかが すきます	avoir faim (lorsqu'on exprime le fait d'avoir faim, la た-forme est utilisée comme おなかが すきました)
そう しましょう。	Faisons comme ça. (utilisé losqu'on approuve la suggestion de quelqu'un d'autre)

〈会話〉

ご注文は？	Puis-je prendre votre commande?
定食	plat de menu, formule
牛どん	bol de riz recouvert de petits morceaux de bœuf et d'oignon cuits avec de la sauce
[少々] お待ち ください。	Attendez [un instant] s'il vous plaît, votre commande sera prête dans un instant.
～で ございます。	la forme polie et courtoise de ～です。
別々に	séparément

アキックス	entreprise fictive
おはようテレビ	programme de télévision fictif

13

II. Traduction

Structures-clés
1. Je voudrais une voiture.
2. Je voudrais manger des sushi.
3. Je vais en France pour apprendre la cuisine.

Phrases-type
1. Qu'est-ce qui te ferait le plus envie maintenant?
   ……Je voudrais un nouveau portable.
2. Où voudriez-vous aller pour les vacances d'été?
   ……J'aimerais aller à Okinawa.
3. Aujourd'hui je suis fatigué, donc j'ai envie de ne rien faire.
   ……Oui, c'est vrai, la réunion d'aujourd'hui était difficile.
4. Qu'allez-vous faire ce week-end?
   ……Je vais à Kobe avec mes enfants pour voir les bateaux.
5. Qu'êtes-vous venu étudier au Japon?
   ……Je suis venu étudier les beaux-arts.
6. Êtes-vous allé quelque part pendant les vacances d'hiver?
   ……Oui. Je suis allé skier à Hokkaido.

Conversation

Nous payons séparément.

Yamada:	Il est déjà midi. Et si nous allions déjeuner?
Miller:	Oui.
Yamada:	Où allons-nous?
Miller:	Eh bien, je mangerais bien japonais aujourd'hui.
Yamada:	Alors, allons chez «Tsuruya».

………………………………………………

Serveur:	Puis-je prendre votre commande?
Miller:	Je prendrais le menu tempura.
Yamada:	Moi, je prendrais le gyudon.
Serveur:	Un menu tempura et un gyudon, n'est-ce pas? Votre commande sera prête dans un instant.

………………………………………………

Caissier:	Cela fera 1 680 yen, s'il vous plaît.
Miller:	Excusez-moi, nous payons séparément.
Caissier:	Oui, alors ce sera 980 yen pour le menu tempura et 700 yen pour le gyudon.

III. Vocabulaire de référence & informations

<ruby>町<rt>まち</rt></ruby>の<ruby>中<rt>なか</rt></ruby>　**En ville**

<ruby>博物館<rt>はくぶつかん</rt></ruby>	musée, muséum	<ruby>市役所<rt>しやくしょ</rt></ruby>	mairie, hôtel de ville
<ruby>美術館<rt>びじゅつかん</rt></ruby>	musée d'art	<ruby>警察署<rt>けいさつしょ</rt></ruby>	commissariat de police
<ruby>図書館<rt>としょかん</rt></ruby>	bibliothèque	<ruby>交番<rt>こうばん</rt></ruby>	poste de police
<ruby>映画館<rt>えいがかん</rt></ruby>	cinéma	<ruby>消防署<rt>しょうぼうしょ</rt></ruby>	caserne de pompiers
<ruby>動物園<rt>どうぶつえん</rt></ruby>	zoo	<ruby>駐車場<rt>ちゅうしゃじょう</rt></ruby>	parking
<ruby>植物園<rt>しょくぶつえん</rt></ruby>	jardin botanique		
<ruby>遊園地<rt>ゆうえんち</rt></ruby>	parc d'attraction	<ruby>大学<rt>だいがく</rt></ruby>	université
		<ruby>高校<rt>こうこう</rt></ruby>	lycée
お<ruby>寺<rt>てら</rt></ruby>	temple bouddhiste	<ruby>中学校<rt>ちゅうがっこう</rt></ruby>	collège
<ruby>神社<rt>じんじゃ</rt></ruby>	temple shinto	<ruby>小学校<rt>しょうがっこう</rt></ruby>	école primaire
<ruby>教会<rt>きょうかい</rt></ruby>	église	<ruby>幼稚園<rt>ようちえん</rt></ruby>	école maternelle
モスク	mosquée		
		<ruby>肉屋<rt>にくや</rt></ruby>	boucherie, charcuterie
<ruby>体育館<rt>たいいくかん</rt></ruby>	gymnase	パン<ruby>屋<rt>や</rt></ruby>	boulangerie
プール	piscine	<ruby>魚屋<rt>さかなや</rt></ruby>	poissonnerie
<ruby>公園<rt>こうえん</rt></ruby>	parc	<ruby>酒屋<rt>さかや</rt></ruby>	magasin de boissons alcoolisées
<ruby>大使館<rt>たいしかん</rt></ruby>	ambassade	<ruby>八百屋<rt>やおや</rt></ruby>	primeur
<ruby>入国管理局<rt>にゅうこくかんりきょく</rt></ruby>	office national d'immigration		
		<ruby>喫茶店<rt>きっさてん</rt></ruby>	café, salon de thé
		コンビニ	supérette souvent ouvert 7j/7, 24h/24
		スーパー	supermarché
		デパート	grand magasin

IV. Explications grammaticales

1. ⟨N が 欲しいです⟩

ほしい est un い -adjectif et son objet est marqué par が.

① わたしは 友達が 欲しいです。　　　　Je veux avoir des amis.
② 今 何が いちばん 欲しいですか。

　　Que souhaitez-vous avoir le plus maintenant?
　　……車が 欲しいです。　　　　　　　……Je voudrais une voiture.
③ 子どもが 欲しいですか。　　　　　　Voulez-vous avoir des enfants?
　　……いいえ、欲しくないです。　　　　……Non, je n'en veux pas.

2. ⟨V ます -forme たいです⟩

1) V ます -forme

On appelle ます -forme (ou forme ます) la forme verbale qui précède ます. (Ex. かい de かいます)

2) V ます -forme たいです

V ます -forme たいです s'emploie pour exprimer le désir du locuteur de faire une action. Le complément de 〜たい peut être marqué aussi bien par la particule が que par la particule を. 〜たい se décline de la même façon que い -adjectif.

④ わたしは 沖縄へ 行きたいです。　　　Je voudrais aller à Okinawa.
⑤ わたしは てんぷらを 食べたいです。　Je voudrais manger des tempura.
　　　　　　　　　(が)
⑥ 神戸で 何を 買いたいですか。　　　　Que voulez-vous acheter à Kobe?
　　　　　　　(が)
　　……靴を 買いたいです。　　　　　　……J'aimerais acheter des chaussures.
　　　　(が)
⑦ おなかが 痛いですから、何も 食べたくないです。
　　Comme j'ai mal au ventre, je n'ai rien envie de manger. (L.17)

[Note 1] ほしいです et たいです sont utilisés seulement pour mentionner le désir du locuteur ou de l'interlocuteur, mais pas celui d'une tierce personne.

[Note 2] ほしいですか et V ます -forme たいですか ne peuvent pas être utilisés quand on offre quelque chose à l'interlocuteur ou invite ce dernier à faire quelque chose. Par exemple, il n'est pas approprié de dire コーヒーが ほしいですか ou コーヒーが のみたいですか dans la perspective d'offrir un café. Dans ce cas-là, les expressions telles que コーヒーは いかがですか et コーヒーを のみませんか sont à utiliser.

3. $\boxed{\text{N(lieu)} へ \begin{Bmatrix} \text{V ます -forme} \\ \text{N} \end{Bmatrix} に 行きます／来ます／帰ります}$

Le but des actions telles que いきます, きます, かえります est marqué par に.

⑧ 神戸へ インド料理を 食べに 行きます。
   Je vais à Kobe pour manger de la cuisine indienne.

Quand le verbe qui précède に est N します (Ex. かいものします, べんきょうします) ou N をします (Ex. おはなみを します, つりを します), la construction N に いきます／きます／かえります est utilisée.

⑨ 神戸へ 買い物に 行きます。　　　Je vais faire des courses à Kobe.
⑩ 日本へ 美術の 勉強に 来ました。
   Je suis venu au Japon pour étudier les beaux-arts.

[Note] Lorsqu'un nom représentant des manifestations telles qu'une fête ou un concert précède に, le but de l'action est normalement interprété comme le fait de regarder la fête ou d'écouter le concert.

⑪ あした 京都の お祭りに 行きます。
   Je vais à la fête de Kyoto demain.

4. $\boxed{どこか／何か}$

どこか signifie quelque part et なにか quelque chose. Les particules へ et を qui sont placées après どこか et なにか peuvent être omises.

⑫ 冬休みは どこか[へ] 行きましたか。
   ……はい。北海道へ スキーに 行きました。
   Êtes-vous allé quelque part pendant les vacances d'hiver?
   ……Oui, je suis allé faire du ski à Hokkaido.

[Note] は peut être ajouté à un terme temporel pour qu'il soit thématisé.

⑬ のどが かわきましたから、何か[を] 飲みたいです。
   J'ai soif. J'ai envie de boire quelque chose.

5. $\boxed{ご～}$

ご indique le respect.

⑭ ご注文は？　　　　　　　　　Puis-je prendre votre commande?

Leçon 14

I. Vocabulaire

つけます II		mettre (quelque chose) en marche, allumer
けします I	消します	éteindre
あけます II	開けます	ouvrir
しめます II	閉めます	fermer
いそぎます I	急ぎます	se dépêcher
まちます I	待ちます	attendre
もちます I	持ちます	porter
とります I	取ります	prendre, passer
てつだいます I	手伝います	aider
よびます I	呼びます	appeler
はなします I	話します	parler
つかいます I	使います	utiliser
とめます II	止めます	arrêter, stationner
みせます II	見せます	montrer
おしえます II [じゅうしょを〜]	教えます [住所を〜]	renseigner [une adresse]
すわります I	座ります	s'asseoir
たちます I *	立ちます	se mettre debout, se lever
はいります I [きっさてんに〜]	入ります [喫茶店に〜]	entrer [dans un salon de thé, un café]
でます II * [きっさてんを〜]	出ます [喫茶店を〜]	sortir [d'un salon de thé, d'un café]
ふります I [あめが〜]	降ります [雨が〜]	pleuvoir
コピーします III		faire des copies, photocopier
でんき	電気	électricité, lumière
エアコン		air conditionné, climatisation
パスポート		passeport
なまえ	名前	nom
じゅうしょ	住所	adresse
ちず	地図	plan, carte
しお	塩	sel
さとう	砂糖	sucre

もんだい	問題	problème, question
こたえ	答え	réponse
よみかた	読み方	façon de lire, façon de prononcer
～かた	～方	manière de ～
まっすぐ		tout droit
ゆっくり		lentement, tranquillement
すぐ		tout de suite, immédiatement
また		encore, de nouveau
あとで		plus tard, après
もう すこし	もう 少し	un peu plus
もう ～		encore ～, un(e) autre ～, de plus

⟨練習 C⟩

さあ	allez/allons（utilisé lorsqu'on incite ou encourage quelqu'un à faire quelque chose）.
あれ？	tiens/ah!（prononcé losqu'on est surpris ou qu'on est étonné）

⟨会話⟩

信号を 右へ 曲がって ください。	Pouvez-vous tourner à droite à ce feu-là?
これで お願いします。	Tenez. Je voudrais payer avec ceci (ce billet, etc).
お釣り	monnaie

....

みどり町	ville fictive

II. Traduction

Structures-clés
1. Attendez un instant s'il vous plaît.
2. Voulez-vous que je porte vos bagages?
3. M. Miller est en train de téléphoner maintenant.

Phrases-type
1. Veuillez écrire votre nom avec un stylo à bille.
   ……D'accord.
2. Excusez-moi, pouvez-vous me dire comment se lit ce kanji?
   ……C'est «jûsho».
3. Il fait chaud. Voulez-vous que j'ouvre la fenêtre?
   ……Oui, s'il vous plaît.
4. Voulez-vous que je vienne vous chercher jusqu'à la gare?
   ……Non merci, je viendrai en taxi.
5. Où est Mlle Sato?
   ……Elle est en train de discuter avec M. Matsumoto dans la salle de réunion.
   D'accord, je repasserai plus tard.
6. Est-ce qu'il pleut?
   ……Non, il ne pleut pas.

Conversation

À Midori-cho, s'il vous plaît.

Karina:	À Midori-cho, s'il vous plaît.
Chauffeur:	Oui.
	……………………………………………
Karina:	Excusez-moi. Pouvez-vous tourner à droite à ce feu-là?
Chauffeur:	À droite?
Karina:	Oui.
	……………………………………………
Chauffeur:	Tout droit?
Karina:	Oui, continuez tout droit s'il vous plaît.
	……………………………………………
Karina:	Arrêtez-vous devant ce fleuriste s'il vous plaît.
Chauffeur:	Oui. Cela fera 1 800 yen.
Karina:	Tenez. Je voudrais payer avec ceci.
Chauffeur:	Je vous rends 3 200 yen. Merci beaucoup.

III. Vocabulaire de référence & informations

駅 (えき) Gare

切符売り場 (きっぷうりば)	guichet	特急 (とっきゅう)	(train) spécial express
自動券売機 (じどうけんばいき)	distributeur automatique de tickets	急行 (きゅうこう)	(train) express
		快速 (かいそく)	train rapide
精算機 (せいさんき)	machine de régularisation des titres de transport	準急 (じゅんきゅう)	(train) semi-express
		普通 (ふつう)	(train) omnibus
改札口 (かいさつぐち)	portillon d'accès aux quais	時刻表 (じこくひょう)	horaire
出口 (でぐち)	sortie	～発 (はつ)	qui part de ～
入口 (いりぐち)	entrée	～着 (ちゃく)	qui arrive à ～
東口 (ひがしぐち)	sortie est	[東京]行き (とうきょうい)	pour [TOKYO]
西口 (にしぐち)	sortie ouest		
南口 (みなみぐち)	sortie sud	定期券 (ていきけん)	carte d'abonnement
北口 (きたぐち)	sortie nord	回数券 (かいすうけん)	carnet de tickets
中央口 (ちゅうおうぐち)	sortie centrale	片道 (かたみち)	aller simple
		往復 (おうふく)	aller-retour
[プラット]ホーム	quai		
売店 (ばいてん)	kiosque		
コインロッカー	consigne auomatique		
タクシー乗り場 (のりば)	station de taxis		
バスターミナル	gare routière		
バス停 (てい)	arrêt de bus		

14

IV. Explications grammaticales

1. Groupes des verbes
Les verbes japonais se conjuguent. On peut créer des phrases de sens variés en ajoutant diverses locutions aux verbes conjugués. Les verbes sont classés en trois groupes en fonction de la manière de flexion.

1) Groupe I
   Pour tous les verbes de ce groupe, ます -forme se termine par un son qui appartient à la colonne-い du tableau kana et more (syllabe). かきます écrire, のみます boire

2) Groupe II
   Pour la majorité des verbes de ce groupe, ます -forme se termine par un son qui appartient à la colonne- え du tableau kana et more (syllabe), mais pour certains verbes, il se termine par la colonne-い.
   たべます manger, みせます montrer, みます regarder/voir

3) Groupe III
   Il s'agit des verbes します, nom référant à une action + します et きます.

2. V て -forme
La forme des verbes conjugués qui se terminent en て ou en で s'appellent て -forme (forme en て). La façon de construire la て -forme dépend du groupe auquel le verbe appartient, comme le montre l'explication suivante (voir Livre principal, L.14. Exercice A1).

1) Groupe I
   (1) Quand la ます -forme se termine par le son い, ち ou り, on supprime い, ち ou り et on y ajoute って.　　Ex. かいます→かって acheter
       まちます→まって attendre　　かえります→かえって rentrer
   (2) Quand la ます -forme se termine par le son み, び ou に, on supprime ce み, び ou に et y ajoute んで.　　Ex. のみます→のんで boire　　よびます→よんで appeler　　しにます→しんで mourir
   (3) Quand la ます -forme se termine par le son き ou ぎ, on enlève き ou ぎ et y ajoute いて ou いで respectivement.　　Ex. かきます→かいて écrire　　いそぎます→いそいで se dépêcher
       Cependant, いきます aller est une exception. Il prend la forme いって.
   (4) Quand la ます -forme se termine par le son し, on ajoute て à la ます -forme.
       Ex. かします→かして prêter

2) Groupe II
   On ajoute て à la ます -forme.　　Ex. たべます→たべて manger　　みせます→みせて montrer　　みます→みて voir

3) Groupe III
   On ajoute て à la ます -forme.　　Ex. きます→きて venir　　します→して faire
   さんぽします→さんぽして se promener

3. | **V て -forme ください** | S'il vous plaît, faites......

Cette structure de phrase est utilisée pour donner des instructions, pour demander de faire quelque chose ou inviter à faire quelque chose. Mais en tant qu'expression de la requête, cette forme n'est pas assez polie, donc elle est souvent précédée par すみませんが.

① すみませんが、この 漢字の 読み方を 教えて ください。
Excusez-moi, pouvez-vous me dire comment on lit ce kanji, s'il vous plaît? (requête)

② ボールペンで 名前を 書いて ください。
Veuillez écrire votre nom avec un stylo à bille. (consigne)

③ どうぞ たくさん 食べて ください。
Mangez beaucoup, je vous en prie. (invitation)

4. | **V て -forme います** |

Cette structure de phrase indique qu'une action ou un mouvement est en train de se dérouler.

④ ミラーさんは 今 電話を かけて います。
M. Miller est en train de téléphoner maintenant.

⑤ 今 雨が 降って いますか。   Est-ce qu'il pleut maintenant?
……はい、降って います。   ……Oui, il pleut.
……いいえ、降って いません。   ……Non, il ne pleut pas.

5. | **V ます -forme ましょうか** | Voulez-vous que je fasse......?

Cette expression est employée quand le locuteur propose de faire quelque chose pour son interlocuteur.

⑥ あしたも 来ましょうか。   Voulez-vous que je revienne encore demain?
……ええ、10時に 来て ください。   ……Oui, venez à dix heures.

⑦ 傘を 貸しましょうか。   Voulez-vous que je vous prête mon parapluie?
……すみません。お願いします。   ……Oui, s'il vous plaît.

⑧ 荷物を 持ちましょうか。   Voulez-vous que je vous porte votre bagage?
……いいえ、けっこうです。   ……Non, merci.

6. | **N が V** |

Lorsqu'on décrit un phénomène qui fait appel à un des cinq sens (vue, ouïe…) ou qui évoque un évènement de manière objective, le sujet est marqué par la particule が.

⑨ 雨が 降って います。   Il pleut.

⑩ ミラーさんが いませんね。   M. Miller n'est pas là?

7. | **すみませんが** |

⑪ すみませんが、塩を 取って ください。
Excusez-moi, pouvez-vous me passer du sel?

⑫ 失礼ですが、お名前は？   Excusez-moi, quel est votre nom?

La particule が, dans des expressions telles que すみませんが ou しつれいですが, n'est pas utilisée dans un sens d'opposition mais est utilisée en tant que préambule.

Leçon 15

I. Vocabulaire

おきますⅠ	置きます	poser
つくりますⅠ	作ります、造ります	faire, fabriquer, construire
うりますⅠ	売ります	vendre
しりますⅠ	知ります	apprendre, faire connaissance
すみますⅠ	住みます	s'installer, établir son domicile
けんきゅうしますⅢ	研究します	faire de la recherche
しりょう	資料	documents, données
カタログ		catalogue
じこくひょう	時刻表	horaire
ふく	服	vêtement
せいひん	製品	produit
ソフト		logiciel
でんしじしょ	電子辞書	dictionnaire électronique
けいざい	経済	économie
しやくしょ	市役所	mairie
こうこう	高校	lycée
はいしゃ	歯医者	dentiste, chez le dentiste
どくしん	独身	célibataire
すみません		excusez-moi

〈練習 C〉
皆(みな)さん   Mesdames, Messieurs/tout le monde

〈会話〉
思(おも)い出(だ)しますⅠ   se rappeler, se souvenir de
いらっしゃいますⅠ   être (forme de respect de います)

....

日本橋(にっぽんばし)   Nom d'un quartier commerçant à
                              Osaka

みんなの インタビュー   programme de télévision fictif

II. Traduction

Structures-clés
1. Puis-je prendre des photos?
2. M. Santos possède un dictionnaire électronique.

Phrases-type
1. Puis-je prendre ce catalogue?
   ……Oui, servez-vous.
2. Puis-je vous emprunter ce dictionnaire?
   ……Je suis désolée... Je l'utilise maintenant.
3. Il ne faut pas jouer ici.
   ……D'accord.
4. Connaissez-vous le numéro de téléphone de la mairie?
   ……Non, je ne le connais pas.
5. Où habite Maria?
   ……Elle habite à Osaka.
6. M. Wang est-il marié?
   ……Non, il est célibataire.
7. Quelle est votre profession?
   ……Je suis enseignant. J'enseigne au lycée.

Conversation

Parlez-moi de votre famille.

Kimura: C'était un bon film, n'est-ce pas?
Miller: Oui, ça m'a rappelé ma famille.
Kimura: C'est vrai? Parlez-moi de votre famille...
Miller: J'ai mes parents et une grande sœur.
Kimura: Où sont-ils?
Miller: Mes parents habitent près de New York. Ma sœur travaille à Londres. Et vous, Mlle Kimura, parlez-moi de votre famille.
Kimura: Nous sommes trois. Mon père est employé de banque. Ma mère enseigne l'anglais dans un lycée.

III. Vocabulaire de référence & informations

職業 (しょくぎょう) Profession

会社員 (かいしゃいん) employé d'une entreprise	公務員 (こうむいん) fonctionnaire	駅員 (えきいん) employé de gare	銀行員 (ぎんこういん) employé de banque	郵便局員 (ゆうびんきょくいん) postier
店員 (てんいん) vendeur	調理師 (ちょうりし) cuisinier	理容師 (りようし) coiffeur (pour les hommes), barbier / 美容師 (びようし) coiffeur, coiffeuse	教師 (きょうし) enseignant	弁護士 (べんごし) avocat
研究者 (けんきゅうしゃ) chercheur	医者／看護師 (いしゃ／かんごし) médecin/ infirmier	運転手 (うんてんしゅ) chauffeur	警察官 (けいさつかん) agent de police	外交官 (がいこうかん) diplomate
政治家 (せいじか) homme politique	画家 (がか) peintre	作家 (さっか) écrivain	音楽家 (おんがくか) musicien	建築家 (けんちくか) architecte
エンジニア ingénieur	デザイナー designer, dessinateur, styliste	ジャーナリスト journaliste	歌手／俳優 (かしゅ／はいゆう) chanteur/ acteur, actrice	スポーツ選手 (せんしゅ) sportif

IV. Explications grammaticales

1. V て -forme も いいですか   Puis-je......?

C'est une expression pour demander la permission.
① 写真を 撮っても いいですか。　　　　Puis-je prendre des photos?

Les façons de répondre à la question de permission sont les suivantes. Dans le cas de non-permission, on utilise dans la réponse soit un euphémisme（②）, soit une interdiction（③）. Dans les deux cas, on peut émettre une raison.
② ここで たばこを 吸っても いいですか。Puis-je fumer ici?
　　……ええ、[吸っても] いいですよ。　　……Oui, vous pouvez [fumer ici].
　　……すみません、ちょっと……。 のどが 痛いですから。
　　……Je suis désolée mais... je ne préférerais pas, j'ai mal à la gorge. (L.17)
③ ここで たばこを 吸っても いいですか。Puis-je fumer ici?
　　……ええ、[吸っても] いいですよ。　　……Oui, vous pouvez [fumer ici].
　　……いいえ、[吸っては] いけません。禁煙ですから。
　　……Non, vous ne pouvez pas [fumer ici], c'est interdit.

2. V て -forme は いけません   Il ne faut pas......

Cette expression indique l'interdiction.
④ ここで たばこを 吸っては いけません。禁煙ですから。
　　　Ici, vous ne pouvez pas fumer. Il est interdit de fumer.
Cette expression ne peut être utilisée par quelqu'un de bas statut à l'égard de quelqu'un d'un statut supérieur.

3. V て -forme います

Cette structure de phrase est utilisée, en plus de l'emploi pour exprimer une action en cours (étudié dans la leçon 14), dans les cas suivants.
1) Pour décrire un état (principalement avec les verbes utilisés dans la forme ～て います)
⑤ わたしは 結婚して います。　　　　Je suis marié.
⑥ わたしは 田中さんを 知って います。　Je connais M. Tanaka.
⑦ わたしは カメラを 持って います。　　J'ai un appareil photo.
⑧ わたしは 大阪に 住んで います。　　J'habite à Osaka.
[Note 1] La forme négative de しって います est しりません. Faites attention à ne pas employer しって いません.
⑨ 市役所の 電話番号を 知って いますか。
　　　Connaissez-vous le numéro de téléphone de la mairie?
　　……はい、知って います。　　　　……Oui, je le connais.
　　……いいえ、知りません。　　　　……Non, je ne le connais pas.

[Note 2] La phrase もって います peut vouloir dire soit avoir quelque chose en main à un moment donné ou soit le posséder.

2) Pour décrire une habitude (une action répétée sur une longue période), une occupation ou un statut personnel.

⑩　IMC は コンピューターソフトを 作って います。
　　IMC développe des logiciels informatiques.

⑪　スーパーで ナンプラーを 売って います。
　　Les supermarchés vendent des nam pla.

⑫　ミラーさんは IMC で 働いて います。　　M. Miller travaille à IMC.

⑬　妹 は 大学で 勉強 して います。　　Ma petite sœur étudie à l'université.

4. **Nに V**

La particule に est utilisée avec des verbes tels que はいります, すわります, のります (prendre L.16), のぼります (monter L.19) et つきます (arriver L.25) pour indiquer la position du sujet résultant de l'action exprimée par le verbe.

⑭　ここに 入っては いけません。　　Vous ne pouvez pas entrer ici.

⑮　ここに 座っても いいですか。　　Puis-je m'asseoir ici?

⑯　京都駅から 16番の バスに 乗って ください。
　　Prenez le bus n° 16 à partir de la gare de Kyoto. (L.16)

5. **N₁に N₂を V**

La particule に indique la position (N₁) de N₂ comme le lieu du résultat de l'action.

⑰　ここに 車を 止めて ください。　　Arrêtez la voiture ici, s'il vous plaît.

La particule に dans ⑱ a la même fonction.

⑱　ここに 住所を 書いて ください。　　Écrivez votre adresse ici, s'il vous plaît.

Leçon 16

I. Vocabulaire

のりますⅠ 　［でんしゃに〜］	乗ります 　［電車に〜］	prendre [un train]
おりますⅡ 　［でんしゃを〜］	降ります 　［電車を〜］	descendre [d'un train]
のりかえますⅡ	乗り換えます	changer (de train, etc.)
あびますⅡ 　［シャワーを〜］	浴びます	prendre [une douche]
いれますⅡ	入れます	mettre dans, insérer
だしますⅠ	出します	sortir (quelque chose de), remettre (quelque chose), envoyer (une lettre)
おろしますⅠ 　［おかねを〜］	下ろします 　［お金を〜］	retirer [de l'argent]
はいりますⅠ 　［だいがくに〜］	入ります 　［大学に〜］	entrer [dans une université]
でますⅡ 　［だいがくを〜］	出ます 　［大学を〜］	sortir [d'une université]
おしますⅠ	押します	appuyer (sur), presser, pousser
のみますⅠ	飲みます	boire de l'alcool
はじめますⅡ	始めます	commencer
けんがくしますⅢ	見学します	visiter un lieu pour ses études
でんわしますⅢ	電話します	téléphoner
わかい	若い	jeune
ながい	長い	long
みじかい	短い	court
あかるい	明るい	clair, lumineux
くらい	暗い	sombre
からだ*	体	corps, santé
あたま	頭	tête, intelligence
かみ	髪	cheveu
かお*	顔	visage
め	目	œil
みみ*	耳	oreille
はな*	鼻	nez
くち*	口	bouche
は*	歯	dent
おなか*		ventre
あし*	足	pied, jambe
せ	背	taille

サービス		service
ジョギング		jogging (〜を します：faire un jogging)
シャワー		douche
みどり	緑	vert, verdure
[お]てら	[お]寺	temple bouddhiste
じんじゃ	神社	temple shinto
－ばん	－番	numéro －
どうやって		comment, de quelle manière
どの 〜		quel (utilisé pour choisir parmi au moins 3 choses)
どれ		lequel (utilisé pour choisir parmi au moins 3 choses)

〈練習 C〉
すごいですね。　　　　　　　　　Vous m'épatez, vous m'impressionnez.
[いいえ、] まだまだです。　　　　[Non...] Je suis encore loin.

〈会話〉
お引き出しですか。　　　　　　　Ce serait pour un retrait d'argent?
まず　　　　　　　　　　　　　　d'abord
次に　　　　　　　　　　　　　　ensuite
キャッシュカード　　　　　　　　carte bancaire
暗証番号　　　　　　　　　　　　code secret
金額　　　　　　　　　　　　　　montant, somme d'argent
確認　　　　　　　　　　　　　　confirmation (〜します：confirmer)
ボタン　　　　　　　　　　　　　bouton

JR　　　　　　　　　　　　　　　Japan Railway
雪祭り　　　　　　　　　　　　　Festival de la Neige
バンドン　　　　　　　　　　　　Bandung (en Indonésie)
フランケン　　　　　　　　　　　Franken (en Allemagne)
ベラクルス　　　　　　　　　　　Veracruz (au Mexique)
梅田　　　　　　　　　　　　　　Umeda (un quartier à Osaka)

大学前　　　　　　　　　　　　　arrêt de bus fictif

II. Traduction

Structures-clés
1. Le matin, je fais un jogging, je prends une douche et je vais au travail.
2. J'ai mangé au restaurant une fois le concert terminé.
3. À Osaka, la nourriture est bonne.
4. Cette pièce est grande et lumineuse.

Phrases-type
1. Qu'avez-vous fait hier?
    ……Je suis allé à la bibliothèque et ai emprunté un livre, j'ai ensuite retrouvé un ami.
2. Comment allez-vous à l'université?
    ……Je prends le bus n° 16 de la gare de Kyoto et je descends à l'arrêt «Daigaku-mae».
3. Allez-vous visiter le château d'Osaka maintenant?
    ……Non, je fais la visite après avoir déjeuné.
4. Laquelle est Maria?
    ……C'est la personne aux cheveux longs là-bas.
5. Lequel est le vélo de Taro?
    ……C'est le vélo bleu et neuf là-bas.
6. Quel genre de ville est Nara?
    ……C'est une ville calme et jolie.
7. Qui est cette personne là-bas?
    ……C'est Karina. Elle est indonésienne et elle est étudiante à l'université Fuji.

Conversation

Pourriez-vous m'expliquer comment l'utiliser?

Maria:	Excusez-moi. Pourriez-vous m'expliquer comment l'utiliser?
Employé de banque:	Ce serait pour un retrait d'argent?
Maria:	Oui.
Employé de banque:	Alors, appuyez d'abord ici.
Maria:	Oui.
Employé de banque:	Ensuite, insérez votre carte bancaire et tapez votre code secret.
Maria:	Oui. C'est fait.
Employé de banque:	Puis, indiquez le montant désiré.
Maria:	50 000 yen, alors 5…
Employé de banque:	Appuyez sur «Man» (10 000) et «En» (Yen). Ensuite, appuyez sur «Kakunin» (Confirmer).
Maria:	D'accord. Merci beaucoup.

III. Vocabulaire de référence & informations

ATMの 使い方   **Comment retirer de l'argent?**

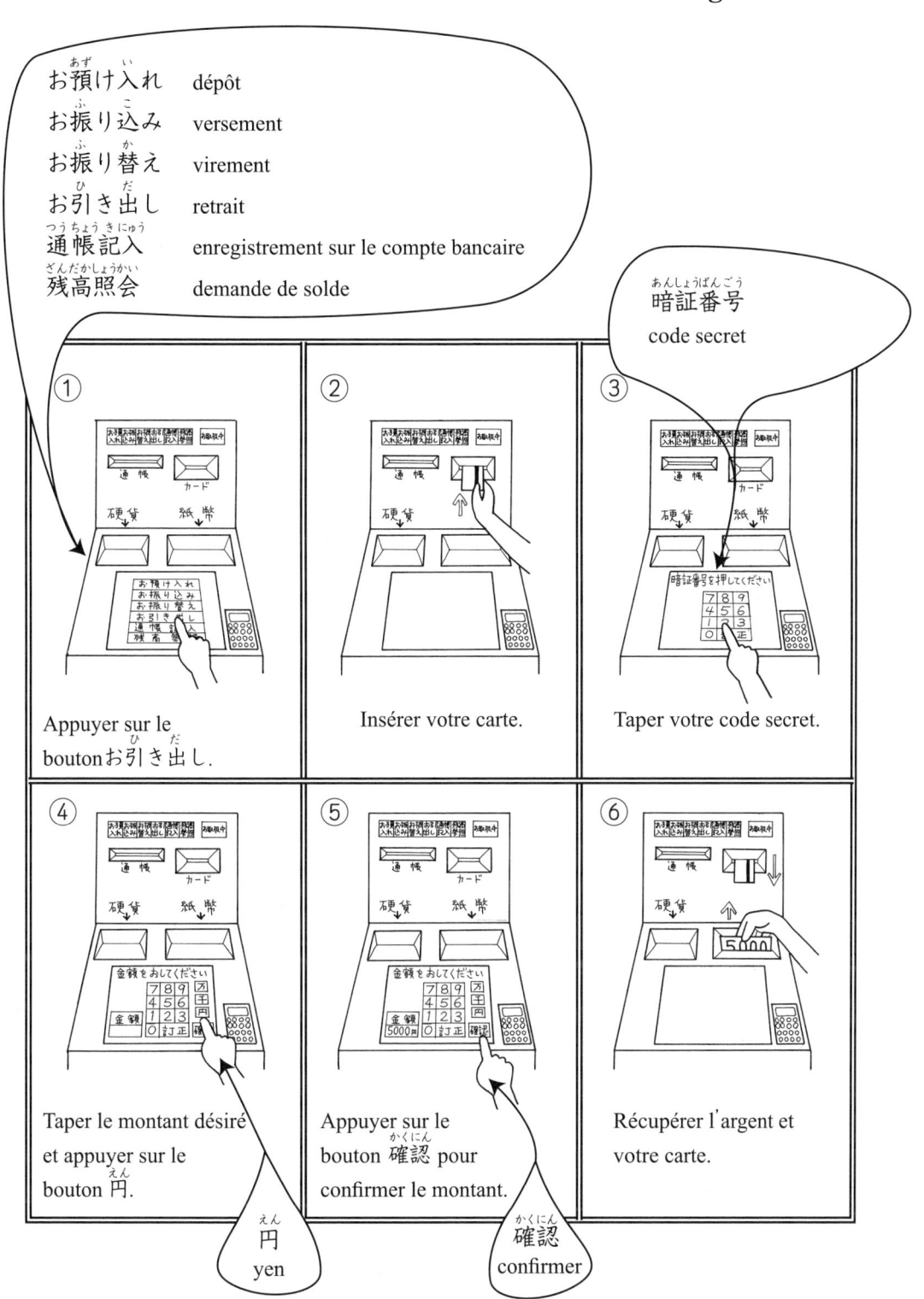

お預け入れ　dépôt
お振り込み　versement
お振り替え　virement
お引き出し　retrait
通帳記入　　enregistrement sur le compte bancaire
残高照会　　demande de solde

暗証番号
code secret

① Appuyer sur le bouton お引き出し.

② Insérer votre carte.

③ Taper votre code secret.

④ Taper le montant désiré et appuyer sur le bouton 円.

⑤ Appuyer sur le bouton 確認 pour confirmer le montant.

⑥ Récupérer l'argent et votre carte.

円
yen

確認
confirmer

IV. Explications grammaticales

1. Comment relier plus de deux phrases
On peut relier deux phrases ou plus en une seule phrase en utilisant て（で）.

1) V₁ て -forme、[V₂ て -forme、] V₃

Lorsque l'on mentionne deux actions ou plus qui ont lieu successivement, on les met dans l'ordre d'occurrence en utilisant て -forme. Le temps est déterminé par le dernier verbe de la phrase.

① 朝 ジョギングを して、シャワーを 浴びて、会社へ 行きます。
　Le matin, je fais un jogging, je prends une douche et je vais au travail.
② 神戸へ 行って、映画を 見て、お茶を 飲みました。
　Je suis allé à Kobe, j'ai vu un film et j'ai bu du thé.

2) い -adj（～い）→ ～くて

　おおきーい　→　おおきーくて　　　　grand
　ちいさーい　→　ちいさーくて　　　　petit
　　いーい　→　　よーくて（exception）　bon, bien

③ ミラーさんは 若くて、元気です。　　M. Miller est jeune et en forme.
④ きのうは 天気が よくて、暑かったです。　Hier, il a fait beau et chaud.

3) な -adj［な］→ ～で

⑤ ミラーさんは ハンサムで、親切です。　M. Miller est beau et gentil.
⑥ 奈良は 静かで、きれいな 町です。　Nara est une ville calme et jolie.

[Note] Lorsque l'on relie les phrases adjectivales ayant le même sujet en utilisant ～て（で）, on ne peut pas les relier si l'évaluation ou le jugement du locuteur est contradictoire. Dans ce cas-là, が est utilisé (L.8, 4).

　×この 部屋は 狭くて、きれいです。
　〇この 部屋は 狭いですが、きれいです。　Cette pièce est exiguë mais propre.

4) N で

⑦ カリナさんは インドネシア人で、富士大学の 留学生です。
　Karina est indonésienne et elle est étudiante à l'université Fuji.
⑧ カリナさんは 学生で、マリアさんは 主婦です。
　Karina est étudiante et Maria est femme au foyer.

2. V₁ て -forme から、V₂

Dans cette structure de phrase, V₂ indique quelque chose qui se produit après V₁. Donc, V₁ est souvent un présupposé de V₂, ou bien une action préparatoire pour V₂. Le temps de la phrase est déterminé par le dernier verbe.

⑨ お金を 入れてから、ボタンを 押して ください。
　Appuyez sur le bouton après avoir introduit l'argent.

Par ailleurs, le sujet de V て -forme から est marqué par が.

⑩ もう 昼ごはんを 食べましたか。　Avez-vous déjà déjeuné?
　　……この 仕事が 終わってから、食べます。
　　……Je vais manger après avoir fini ce travail.

3. N_1 は N_2 が adjectif

Cette structure de phrase indique que le thème（N_1）a une propriété exprimée par «N_2 が adjectif».

⑪ 大阪は 食べ物が おいしいです。　À Osaka, la nourriture est bonne.
⑫ ドイツの フランケンは ワインが 有名です。
　　Franken en Allemagne est connu pour son vin.
⑬ マリアさんは 髪が 長いです。　Maria a les cheveux longs.

4. N を V

Les verbes tels que でます et おります s'emploient avec la particule を qui indique le point de départ.

⑭ 7時に うちを 出ます。　　　Je quitte la maison à sept heures.
⑮ 梅田で 電車を 降りました。　Je suis descendu du train à Umeda.

5. どうやって

どうやって s'emploie pour demander son chemin ou comment faire quelque chose.

⑯ 大学まで どうやって 行きますか。
　　Comment allez-vous à l'université?
　　……京都駅から 16番の バスに 乗って、大学前で 降ります。
　　……Je prends le bus n° 16 de la gare de Kyoto et je descends à l'arrêt «Daigaku-mae».

6. どれ／どの N

どれ est un pronom interrogatif pour demander à l'interlocuteur de choisir un élément parmi plus de trois concrètement montrés.

⑰ ミラーさんの 傘は どれですか。　Lequel est le parapluie de M. Miller?
　　……あの 青い 傘です。　　　　……C'est le parapluie bleu là-bas.

どれ ne peut pas modifier directement un nom. Pour modifier un nom, どの est utilisé.

⑱ サントスさんは どの 人ですか。
　　……あの 背が 高くて、髪が 黒い 人です。
　　Lequel est M. Santos?
　　……C'est la personne grande aux cheveux noirs là-bas.

Leçon 17

I. Vocabulaire

おぼえます II	覚えます	retenir, apprendre par cœur
わすれます II	忘れます	oublier
なくします I		perdre
はらいます I	払います	payer
かえします I	返します	rendre, rembourser
でかけます II	出かけます	sortir
ぬぎます I	脱ぎます	enlever (des chaussures, un vêtement)
もって いきます I	持って 行きます	emporter
もって きます III	持って 来ます	apporter (quelque chose)
しんぱいします III	心配します	s'inquiéter
ざんぎょうします III	残業します	faire des heures supplémentaires
しゅっちょうします III	出張します	faire un voyage d'affaire, un voyage professionnel
のみます I ［くすりを～］	飲みます ［薬を～］	prendre [un médicament]
はいります I ［おふろに～］	入ります	prendre [un bain]
たいせつ［な］	大切［な］	important, précieux
だいじょうぶ［な］	大丈夫［な］	c'est bon, ça va, pas de problème
あぶない	危ない	dangereux
きんえん	禁煙	défense de fumer
［けんこう］ほけんしょう	［健康］保険証	carte de sécurité sociale, carte d'assurance [-maladie]
ねつ	熱	fièvre
びょうき	病気	maladie
くすり	薬	médicament, remède
［お］ふろ		bain
うわぎ	上着	veste
したぎ	下着	sous-vêtement

2、3にち	2、3日	deux ou trois jours, quelques jours
2、3〜		deux ou trois 〜（〜 est un auxiliaire numéral）
〜までに		avant 〜（indiquant un délai）
ですから		donc, par conséquent

〈会話〉

どう しましたか。	Que vous est-il arrivé?
のど	gorge
［〜が］痛いです。	J'ai mal [à 〜].
かぜ	rhume, coup de froid, grippe
それから	puis
お大事に。	Soignez-vous bien. (expression adressée aux personnes blessées ou malades)

II. Traduction

Structures-clés
1. Ne prenez pas de photos s'il vous plaît.
2. Il faut montrer son passeport.
3. Ce n'est pas la peine de se lever tôt le dimanche.

Phrases-type
1. Ne stationnez pas votre voiture là-bas.
   ……Excusez-moi.
2. Il est déjà minuit. Pouvez-vous rentrer seul?
   ……Oui, ne vous inquiétez pas. Je vais rentrer en taxi.
3. N'allons-nous pas boire un verre ce soir?
   ……Je suis désolé, je dois aller à Hong Kong en voyage d'affaires à partir de demain. Donc, je vais rentrer tôt.
4. Est-ce que les enfants aussi doivent payer?
   ……Non, ils n'ont pas besoin de payer.
5. Pour quand dois-je rendre le rapport?
   ……Rendez-le avant vendredi.

Conversation

Que vous est-il arrivé?

Médecin:	Que vous est-il arrivé?
Matsumoto:	Depuis hier, j'ai mal à la gorge et j'ai un peu de fièvre aussi.
Médecin:	D'accord. Ouvrez la bouche s'il vous plaît.
	………………………………………………
Médecin:	Vous avez attrapé froid. Reposez-vous bien pendant 2 ou 3 jours.
Matsumoto:	En fait, à partir de demain, je dois aller à Tokyo en voyage d'affaires.
Médecin:	Alors, prenez vos médicaments et allez vous coucher tôt ce soir.
Matsumoto:	D'accord.
Médecin:	Puis, ne prenez pas de bain ce soir.
Matsumoto:	Oui, d'accord.
Médecin:	Soignez-vous bien.
Matsumoto:	Je vous remercie.

III. Vocabulaire de référence & informations

体・病気 (からだ・びょうき) Corps et maladie

どう しましたか。	Que vous est-il arrivé?
頭が痛い (あたま が いた)	avoir mal à la tête
おなかが痛い (いた)	avoir mal au ventre/à l'estomac
歯が痛い (は が いた)	avoir mal aux dents
熱が あります (ねつ)	avoir de la fièvre
せきが 出ます (で)	tousser
鼻水が 出ます (はなみず が で)	avoir le nez qui coule
血が 出ます (ち が で)	saigner
吐き気が します (は き け)	avoir la nausée
寒気が します (さむ け)	avoir des frissons
めまいが します	avoir des vertiges
下痢を します (げり)	avoir la diarrhée
便秘を します (べんぴ)	être constipé
けがを します	se blesser
やけどを します	se brûler
食欲が ありません (しょくよく)	ne pas avoir d'appétit
肩が こります (かた)	avoir les épaules courbaturées
体が だるい (からだ)	se sentir las
かゆい	avoir des démangeaisons

Parties du corps : かお, あたま, め, はな, かみ, くち, みみ, あご, のど, くび, むね, かた, ゆび, うで, て, ひじ, せなか, つめ, ひざ, おなか, こし, ほね, あし, しり

かぜ	rhume
インフルエンザ	grippe
盲腸 (もうちょう)	appendicite
ぎっくり腰 (ごし)	tour de reins
ねんざ	entorse, foulure
骨折 (こっせつ)	fracture
二日酔い (ふつか よ)	(avoir) la gueule de bois

IV. Explications grammaticales

1. V ない -forme

La forme verbale utilisée avec ない（Ex : かか de かかない）s'appelle ない -forme. La façon de créer la ない -forme dépend du groupe auquel appartient le verbe, comme expliqué ci-dessous. (voir Livre principal L.17 Exercice A 1)

1) Groupe I

Le dernier son de la ます -forme étant le son de la colonne- い, on remplace celui-ci par la colonne- あ pour former la ない -forme. Toutefois, pour les verbes dont le dernier son de la ます -forme est une voyelle い(Ex.かいます, あいます, etc.), on le remplace par わ, et non par あ.

かき－ます	→	かか－ない	いそぎ－ます → いそが－ない
よみ－ます	→	よま－ない	あそび－ます → あそば－ない
とり－ます	→	とら－ない	まち－ます → また－ない
すい－ます	→	すわ－ない	はなし－ます → はなさ－ない

2) Groupe II

La ない -forme des verbes de ce groupe est la même que la ます -forme.

たべ－ます → たべ－ない
み－ます → み－ない

3) Groupe III

べんきょうし－ます → べんきょうし－ない
し－ます → し－ない
き－ます → こ－ない

2. ▢ V ない -forme ないで ください ▢   Ne le faites pas, s'il vous plaît

Cette structure de phrase est utilisée pour demander ou donner des instructions à quelqu'un pour qu'il ne fasse pas quelque chose.

① ここで 写真を 撮らないで ください。
　　Ne prenez pas de photos ici, s'il vous plaît.

Avec cette structure de phrase, on peut montrer une certaine considération envers l'interlocuteur en disant qu'il n'est pas nécessaire de faire ainsi.

② わたしは 元気ですから、心配しないで ください。
　　Je vais bien, donc ne vous inquiétez pas.

3. ▢ V ない -forme なければ なりません ▢   Il faut V

Cette structure de phrase indique l'obligation de faire quelque chose. Il faut bien noter que la structure est utilisée exclusivement dans une phrase affirmative et ne s'utilise pas avec un sens négatif.

③ 薬を 飲まなければ なりません。　　Je dois prendre des médicaments.

4. V ない-forme なくても いいです 　　Il n'est pas nécessaire de V

Cette structure de phrase indique qu'il n'est pas nécessaire d'accomplir l'action exprimée par le verbe.

④　あした 来なくても いいです。　　　Vous n'avez pas besoin de venir demain.

5. Thématisation du complément d'objet

Lorsqu'on aborde le nom (complément d'objet direct) de la phrase «N を V» en tant que thème de la phrase, on remplace la particule を par la particule は et place N は au début de la phrase.

　　ここに 荷物を 置かないで ください。　　Ne posez pas le bagage ici.
　　荷物をは ここに 置かないで ください。
⑤　荷物は ここに 置かないで ください。　　Le bagage, ne le posez pas ici.
　　会社の 食堂で 昼ごはんを 食べます。
　　Je prends mon déjeuner dans le restaurant de l'entreprise.
　　昼ごはんをは 会社の 食堂で 食べます。
⑥　昼ごはんは 会社の 食堂で 食べます。
　　Le déjeuner, je le prends dans le restaurant de l'entreprise.

6. N（moment）までに V

Cette expression permet d'indiquer la limite avant laquelle l'action doit être accomplie ou l'évènement sera terminé.

⑦　会議は 5時までに 終わります。　　La réunion sera terminée avant cinq heures.
⑧　土曜日までに 本を 返さなければ なりません。
　　Je dois rendre le livre avant samedi.

［Note］La particule まで, expliquée dans la leçon 4, indique le point final de l'action en cours. Il ne faut pas confondre avec までに.

⑨　5時まで 働きます。　　　　　　　　Je travaille jusqu'à cinq heures.

Leçon 18

I. Vocabulaire

できます II		pouvoir, savoir faire
あらいます I	洗います	laver
ひきます I	弾きます	jouer d'un instrument à cordes (piano, guitare, etc.)
うたいます I	歌います	chanter
あつめます II	集めます	collectionner, rassembler, ramasser
すてます II	捨てます	jeter
かえます II	換えます	changer, échanger
うんてんします III	運転します	conduire
よやくします III	予約します	réserver
ピアノ		piano
ーメートル		ー mètre(s)
げんきん	現金	espèces, argent liquide
しゅみ	趣味	hobby
にっき	日記	journal intime
おいのり	お祈り	prière (〜を します : faire une prière)
かちょう	課長	chef de service
ぶちょう	部長	chef de département
しゃちょう*	社長	président（PDG）
どうぶつ	動物	animal
うま	馬	cheval
インターネット		internet

〈会話〉

特(とく)に	en particulier
へえ	ah bon, vraiment? (utilisé lorsqu'on exprime de l'admiration ou de l'étonnement)
それは おもしろいですね。	C'est intéressant.
なかなか	pas facilement, pas tout de suite (utilisé avec la négation)
ほんとうですか。	C'est vrai?
ぜひ	absolument, à tout prix, sans faute

....

故郷(ふるさと)	Furusato (titre d'une chanson qui signifie «pays natal»)
ビートルズ	les Beatles (célèbre groupe de musique anglais)
秋葉原(あきはばら)	Akihabara (nom d'un quartier à Tokyo)

II. Traduction

Structures-clés
1. M. Miller sait lire les kanji.
2. Mon hobby est de regarder des films.
3. Avant de dormir, j'écris dans mon journal intime.

Phrases-type
1. Savez-vous conduire?
   ……Oui, je sais conduire.
2. Savez-vous faire du vélo, Maria?
   ……Non, je ne sais pas.
3. Jusqu'à quelle heure peut-on visiter le château d'Osaka?
   ……Jusqu'à cinq heures.
4. Peut-on payer par carte?
   ……Non, désolé, pouvez-vous régler en espèces?
5. Quels sont vos loisirs?
   ……Je collectionne les vieilles montres.
6. Est-ce que les enfants japonais doivent connaître les «hiragana» avant d'entrer à l'école?
   ……Non, ce n'est pas nécessaire.
7. Prenez ce médicament avant le repas.
   ……Oui, d'accord.
8. Quand vous êtes-vous marié?
   ……Je me suis marié il y a trois ans.

Conversation

Quels sont vos loisirs?

Yamada: M. Santos, quels sont vos loisirs?
Santos: C'est la photographie.
Yamada: Quel genre de photos prenez-vous?
Santos: Des photos d'animaux. En particulier, j'aime photographier les chevaux.
Yamada: Vraiment? C'est intéressant.
Avez-vous pris des photos de chevaux depuis que vous êtes au Japon?
Santos: Non. Au Japon, on ne peut pas voir si facilement des chevaux.
Yamada: À Hokkaido, il y a beaucoup de chevaux.
Santos: Vraiment? J'aimerais absolument y aller pendant les vacances d'été.

III. Vocabulaire de référence & informations

動き　Actions

飛ぶ voler	跳ぶ sauter	登る grimper	走る courir
泳ぐ nager	もぐる plonger	飛び込む plonger dans	逆立ちする faire l'arbre droit
はう ramper, marcher à quatre pattes	ける donner un coup de pied	振る agiter	持ち上げる lever, soulever
投げる lancer, jeter	たたく taper, frapper	引く tirer	押す pousser
曲げる plier	伸ばす allonger	転ぶ tomber à terre	振り向く se retourner

IV. Explications grammaticales

1. Verbes en forme dictionnaire

Cette forme est la forme de base du verbe et c'est sous cette forme que les verbes sont présentés dans le dictionnaire. La méthode pour créer la forme dictionnaire à partir de ます -forme dépend du groupe auquel appartient le verbe. (voir Livre principal L.18 Exercice A1)

1) Groupe I

Le dernier son de la ます -forme des verbes de ce groupe appartient à la colonne-い. On remplace celui-ci par le son de la colonne-う.

かき－ます → かく   いそぎ－ます → いそぐ
よみ－ます → よむ   あそび－ます → あそぶ
とり－ます → とる   まち－ます → まつ
すい－ます → すう   はなし－ます → はなす

2) Groupe II

On ajoute る à la ます -forme.

たべ－ます → たべる
み－ます → みる

3) Groupe III

La forme dictionnaire de します est する et celle de きます, くる.

2.

| N |
| V en forme dictionnaire こと | が できます

Pouvoir, savoir faire quelque chose

できます est un verbe indiquant le fait que quelqu'un sait faire quelque chose par sa capacité ou qu'il est possible de faire quelque chose par la situation. Le complément de できます est marqué par が, et le contenu de la capacité et de la possibilité est exprimé avec un nom ou un verbe en forme dictionnaire suivi de こと.

1) En cas de nom

Ce sont des noms exprimant une action（うんてん, かいもの, スキー et ダンス）qui sont utilisés. Les noms exprimant une habilité comme にほんご ou ピアノ sont aussi utilisés.

① ミラーさんは 日本語が できます。
M. Miller sait parler japonais.

② 雪が たくさん 降りましたから、ことしは スキーが できます。
Comme il a beaucoup neigé, on peut skier cette année.

2) En cas de verbe

Lorsqu'on veut exprimer la capacité d'une action, on crée d'abord une proposition nominale avec こと suivi du verbe en forme dictionnaire, et on y ajoute が できます.

③ ミラーさんは 漢字を 読む ことが できます。   M. Miller sait lire les kanji.
       (proposition nominale)

④ カードで 払う ことが できます。   Vous pouvez payer par carte.
   (proposition nominale)

3. $\boxed{\text{わたしの 趣味は} \begin{Bmatrix} \text{N} \\ \text{V en forme dictionnaire こと} \end{Bmatrix} \text{です}}$ Mon hobby est de

⑤ わたしの 趣味は 音楽です。　　　　Mon hobby est la musique.

On peut exprimer plus concrètement le contenu du hobby en utilisant V en forme dictionnaire こと.

⑥ わたしの 趣味は 音楽を 聞く ことです。Mon hobby est d'écouter de la musique.

4. $\left.\begin{array}{l}\text{V}_1 \text{ en forme dictionnaire} \\ \text{N の} \\ \text{Quantitatif (période)}\end{array}\right\}$ まえに、V_2　　Avant de ... / Avant ... / Il y a ...

1) Verbe

Cette structure de phrase indique que l'action de V_2 se produit avant celle de V_1. Notez bien que V_1 prend toujours la forme dictionnaire peu importe que le temps de la phrase (le temps de V_2) soit au passé ou au non passé.

⑦ 日本へ 来る まえに、日本語を 勉強しました。
　　J'ai étudié le japonais avant de venir au Japon.

⑧ 寝る まえに、本を 読みます。　　　　Je lis un livre avant de me coucher.

2) Nom

On ajoute の après le nom. Les noms exprimant une action sont utilisés.

⑨ 食事の まえに、手を 洗います。　　　Je me lave les mains avant le repas.

3) Quantitatif (période)

Il faut noter qu'on ne met pas の après le quantitatif (période).

⑩ 田中さんは 1時間まえに、出かけました。M. Tanaka est parti il y a une heure.

5. $\boxed{\text{なかなか}}$

なかなか est accompagné d'une expression négative et signifie «n'est pas facile», «ne se passe pas comme prévu».

⑪ 日本では なかなか 馬を 見る ことが できません。
　　Au Japon, on ne peut pas voir si facilement des chevaux.

[Note] Exemple ⑪ (voir Livre principal L.18, p.147 conversation) prend にほんで comme son thème. De cette façon, lorsqu'on thématise un nom marqué par で, cela prend la forme N では (pour thématiser le mot marqué par les particules outre が et を, reportez-vous à l'article 1).

6. $\boxed{\text{ぜひ}}$

Ce mot est utilisé avec une expression indiquant le désir du locuteur et sert à renforcer son sens.

⑫ ぜひ 北海道へ 行きたいです。　　　Je voudrais absolument aller à Hokkaido.

⑬ ぜひ 遊びに 来て ください。　　　Il faut absolument que vous passiez me voir.

Leçon 19

I. Vocabulaire

のぼりますⅠ	登ります、上ります	faire une ascension, monter
とまりますⅠ ［ホテルに～］	泊まります	descendre [à l'hôtel]
そうじしますⅢ	掃除します	faire le ménage, nettoyer
せんたくしますⅢ	洗濯します	faire la lessive
なりますⅠ		devenir
ねむい	眠い	avoir sommeil
つよい	強い	fort
よわい*	弱い	faible
れんしゅう	練習	exercice, entraînement (～［を］します : faire des entraînements, des exercices)
ゴルフ		golf (～を します : jouer au golf)
すもう	相撲	sumo (～を します : faire du sumo)
おちゃ	お茶	cérémonie du thé
ひ	日	jour, date
ちょうし	調子	condition
いちど	一度	une fois
いちども	一度も	pas une seule fois, jamais (utilisé avec la négation)
だんだん		progressivement, graduellement
もうすぐ		bientôt
おかげさまで		Merci. (expression utilisée pour montrer sa gratitude pour l'encouragement ou l'aide reçu. litt. grâce à vous)
でも		mais

〈会話〉
かんぱい
乾杯 — toast, à votre santé

ダイエット — régime （〜を します：faire un régime）

むり
無理［な］ — impossible, excessif

からだ
体に いい — bon pour la santé

....

とうきょう
東京スカイツリー — Tokyo Sky tree（tour de radiodiffusion avec deux plates-formes d'observation située à Tokyo）

かつしかほくさい
葛飾北斎 — Célèbre graveur sur bois et peintre de l'époque Edo（1760-1849）.

II. Traduction

Structures-clés
1. Avez-vous déjà vu des sumo?
2. Pendant les jours de repos, je fais du tennis, je me promène entre autres.
3. Il va faire de plus en plus chaud à partir de maintenant.

Phrases-type
1. Êtes-vous déjà allé à Hokkaido?
   ······Oui, j'y suis allé une fois. J'y suis allé avec des amis il y a deux ans.
2. Êtes-vous déjà monté à cheval?
   ······Non, pas même une fois. J'ai vraiment envie d'en faire.
3. Qu'avez-vous fait pendant les vacances d'hiver?
   ······Je suis allé visiter des temples bouddhistes et shinto à Kyoto et j'ai fait la fête avec des amis, entre autres.
4. Que voulez-vous faire au Japon?
   ······J'aimerais voyager, apprendre la cérémonie du thé, etc.
5. Comment vous portez-vous?
   ······Merci, je vais mieux.
6. Vous avez fait des progrès en japonais.
   ······Merci beaucoup mais j'ai encore beaucoup à apprendre.
7. Teresa, que veux-tu faire plus tard?
   ······J'aimerais être médecin.

Conversation

À partir de demain, je commence un régime.

Tous:	Santé!
	··
Yoshiko Matsumoto:	Maria, vous ne mangez pas beaucoup.
Maria:	Oui, je suis au régime depuis hier.
Yoshiko Matsumoto:	Vraiment? Moi aussi, j'ai déjà fait un régime.
Maria:	Quel genre de régime?
Yoshiko Matsumoto:	Tous les jours, je ne mangeais que des pommes et je buvais beaucoup d'eau...
	Mais, un régime excessif n'est pas bon pour la santé.
Maria:	C'est vrai.
Yoshiko Matsumoto:	Maria, cette glace est bonne.
Maria:	Vraiment? ... Alors je fais de nouveau un régime à partir de demain.

III. Vocabulaire de référence & informations

伝統文化・娯楽　　Culture traditionnelle et Divertissement

茶道 cérémonie du thé (お茶)	華道 arrangement floral (生け花)	書道 calligraphie
歌舞伎 kabuki	能 nô	文楽 bunraku
相撲 sumo	柔道 judo	剣道 kendo
空手 karaté	漫才・落語 manzai, rakugo	囲碁・将棋 jeu de go, jeu de shogi
パチンコ pachinko	カラオケ karaoké	盆踊り danse de Bon

IV. Explications grammaticales

1. V た -forme

Les formes verbales qui se terminent avec た ou だ sont appelées た -forme. Cette forme est créée en remplaçant respectivement て et で de la て -forme par た et だ. (voir Livre principal L.19 Exercice A1)

て -forme	→	た -forme
かいて	→	かいた
のんで	→	のんだ
たべて	→	たべた
きて	→	きた
して	→	した

2. ☐ V た -forme ことが あります ☐   Avoir l'expérience d'avoir fait quelque chose

Cette structure de phrase s'emploie pour mentionner les actions effectuées dans le passé en les considérant comme expérience, au moment de l'énonciation.

① 馬に 乗った ことが あります。   Je suis déjà monté à cheval.

Il faut bien distinguer la simple action passée et l'expérience: lorsqu'on mentionne simplement les actions effectuée dans le passé, comme un fait du passé, on utilise la forme au passé.

② 去年 北海道で 馬に 乗りました。
   Je suis monté à cheval l'an dernier à Hokkaido.

3. ☐ V_1 た -forme り、V_2 た -forme り します ☐ V_1 et V_2, entre autres.

Rappelons qu'on utilise la particule や pour mentionner plus de deux noms comme exemples typiques. Pour mentionner quelques actions comme exemples typiques, on utilise cette structure de phrase. Le temps est exprimé par le dernier verbe de la phrase.

③ 日曜日は テニスを したり、映画を 見たり します。
   Le dimanche, je joue au tennis, je regarde un film, entre autres.
④ 日曜日は テニスを したり、映画を 見たり しました。
   Dimanche, j'ai joué au tennis, regardé un film, etc.

[Note] Il faut faire attention à ne pas confondre cette structure avec la structure de phrase V_1 て -forme、[V_2 て -forme、] V_3. Ce dernier s'emploie pour mentionner plus de deux actions dans l'ordre de l'occurrence.

⑤ 日曜日は テニスを して、映画を 見ました。
   Dimanche dernier, j'ai joué au tennis et puis j'ai regardé un film.

Contrairement à cette structure, dans la structure V_1 た -forme り、V_2 た -forme り します, il n'y a pas de rapport temporel entre les verbes mentionnés. Étant donné que cette structure est utilisée pour mentionner les actions comme des exemples typiques, il n'est pas naturel de mentionner les actes quotidiens qu'on effectue nécessairement (se lever le matin, manger, se coucher le soir).

4.

い-adj (〜い) → 〜く	
な-adj [な] → 〜に	なります Devenir...
N に	

なります indique un changement d'état.

⑥ 寒い　　→　寒く なります　　(Le temps) se refroidit.

⑦ 元気[な]　→　元気に なります　(Il) retrouve la forme.

⑧ 25歳　　→　25歳に なります　(Il) va avoir 25 ans.

Leçon 20

I. Vocabulaire

いりますⅠ ［ビザが～］	要ります	avoir besoin de [un visa]
しらべますⅡ	調べます	consulter, chercher, examiner
しゅうりしますⅢ	修理します	réparer
ぼく	僕	je, moi (forme familière de わたし, utilisée par les hommes)
きみ*	君	tu, toi (forme familière de あなた, utilisée pour s'adresser à une personne dont le statut est égal ou inférieur au locuteur)
～くん	～君	M. ～ (forme familière de ～さん, utilisée pour la personne dont le statut est égal ou inférieur au locuteur, souvent utilisée avec le nom de garçon)
うん		oui (forme familière de はい)
ううん		non (forme familière de いいえ)
ことば		langue, parole, mot
きもの	着物	kimono (habit traditionnel du Japon)
ビザ		visa
はじめ	初め	début, commencement
おわり	終わり	fin
こっち*		cette direction-ci, ici (forme familière de こちら)
そっち		cette direction-là, là-bas (forme familière de そちら)
あっち*		cette direction-là, là-bas (forme familière de あちら)
どっち		lequel (des deux), où, quelle direction (forme familière de どちら)
みんなで		tous ensemble
～けど		～, mais (forme familière de が)
おなか が いっぱい です		Je suis rassasié.

〈会話〉

よかったら　　　　　　si vous voulez
いろいろ　　　　　　　par différents moyens

II. Traduction

Structures-clés
1. M. Santos n'est pas venu à la réception.
2. Il y a beaucoup de monde à Tokyo.
3. La mer d'Okinawa était belle.
4. Aujourd'hui, c'est mon anniversaire.

Phrases-type
1. Veux-tu manger de la glace?
   ……Oui, je veux bien.
2. Y a-t-il des ciseaux là-bas?
   ……Non, il n'y en a pas.
3. As-tu vu Mlle Kimura hier?
   ……Non, je ne l'ai pas vue.
4. Ce curry est-il bon?
   ……Oui, il est épicé mais il est bon.
5. Et si nous allions tous ensemble à Kyoto demain?
   ……Oui, bonne idée.
6. Que veux-tu manger?
   ……Maintenant, je suis rassasié alors je ne veux rien manger.
7. Es-tu libre maintenant?
   ……Oui, qu'est-ce qu'il y a?
   Tu peux m'aider un peu?
8. As-tu un dictionnaire?
   ……Non, je n'en ai pas.

Conversation

On y va ensemble?

Kobayashi: Rentres-tu chez toi pendant les vacances d'été?
Thawaphon: Non, j'aimerais bien mais...
Kobayashi: Je vois. Es-tu déjà monté au mont Fuji?
Thawaphon: Non, jamais.
Kobayashi: Alors, si tu veux, on y va ensemble?
Thawaphon: Oui, quand?
Kobayashi: Début août, ça te va?
Thawaphon: Oui.
Kobayashi: Bien, je vais me renseigner. Je te rappellerai.
Thawaphon: Merci. J'attendrai ton appel.

III. Vocabulaire de référence & informations

人の 呼び方　　Comment appeler les gens?

«Taro, Hanako!»

«Chéri, aujourd'hui, c'est l'anniversaire de Taro.»

Lorsque les membres d'une famille s'appellent entre eux, ils ont tendance à utiliser les termes d'adresse du point de vue du plus jeune de la famille. Par exemple les parents appellent leurs enfants aînés おにいちゃん (grand frère) ou おねえちゃん (grande sœur), en se mettant dans la position des enfants plus jeunes. Lorsque les parents parlent en présence de leurs enfants, le mari appelle sa femme おかあさん ou ママ (maman), et la femme appelle son mari おとうさん ou パパ (papa). Cependant, cette pratique est en train de s'effacer ces derniers temps.

«M. Matsumoto, pourriez-vous signer ici?»

«La cravate vous va très bien, Monsieur.»

«Docteur, j'ai mal au ventre.»

Dans une société, les gens ont tendance à s'appeler réciproquement par le nom du rôle que l'interlocuteur occupe dans le groupe auquel ils appartiennent. Par exemple, au lieu de travail, le subordonné appelle son supérieur par son titre. Dans le magasin, le client est appelé おきゃくさま (M. le client, Mme la cliente), et le médecin est appelé せんせい par ses patients.

IV. Explications grammaticales

1. Style poli et style neutre

Il y a deux styles de discours dans la langue japonaise: le style poli et le style neutre.

style poli	style neutre
あした 東京へ 行きます。	あした 東京へ 行く。
Je vais à Tokyo demain.	Je vais à Tokyo demain.
毎日 忙しいです。	毎日 忙しい。
Je suis occupé tous les jours.	Je suis occupé tous les jours.
相撲が 好きです。	相撲が 好きだ。
J'aime le sumo.	J'aime le sumo.
富士山に 登りたいです。	富士山に 登りたい。
Je veux monter au mont Fuji.	Je veux monter au mont Fuji.
ドイツへ 行った ことが ありません。	ドイツへ 行った ことが ない。
Je ne suis jamais allé en Allemagne.	Je ne suis jamais allé en Allemagne.

Les prédicats qui se terminent par です et ます employés dans une phrase de style poli s'appellent la forme polie. Les prédicats utilisés dans une phrase de style neutre s'appellent la forme neutre (voir Livre principal L.20 Exercice A1).

2. Emploi propre du style poli et du style neutre

1) Conversation

Le style poli est utilisé lorsqu'on parle avec une personne qu'on rencontre pour la première fois et avec une personne dont le statut social est supérieur. Il est aussi utilisé avec une personne qu'on connaît peu même si cette personne a la même tranche d'âge que le locuteur.

En revanche, le style neutre est utilisé avec des amis ou des collègues proches et la famille.

Si l'on utilise le style neutre avec un interlocuteur avec qui on ne doit pas l'utiliser, cela devient impoli. Il faut faire attention aux personnes auxquelles l'on s'adresse lors de l'emploi du style neutre.

2) Écriture

En général, la lettre est écrite avec un style poli. Le style neutre est utilisé pour le mémoire, le rapport et le journal intime, etc.

3. Conversation en style neutre

1) La phrase interrogative dans le style neutre omet en général la particule か à la fin de la phrase et est prononcée avec une intonation montante, comme のむ(↗) or のんだ(↗).

① コーヒーを 飲む？(↗)   Tu veux boire du café?
　……うん、飲む。(↘)   ……Oui, je veux bien.

2) Dans une phrase interrogative avec le nom et le な-adjectif, だ qui est la forme neutre de です, est omis. Dans la réponse affirmative, l'affirmation avec だ en fin de phrase sonnant trop fort, on adoucit le temps en supprimant だ ou ajoutant une particule finale.

② 今晩 暇？　　　　　　　　　　Est-ce que tu es libre ce soir?
　……うん、暇／暇だ／暇だよ。　……Oui, je suis libre. (utilisé par les hommes)
　……うん、暇／暇よ／暇だよ。　……Oui, je suis libre. (utilisé par les femmes)
　……ううん、暇じゃ ない。　　　……Non, je ne suis pas libre.

3) Dans une phrase avec le style neutre, certaines particules sont souvent omises si le contexte permet de comprendre le sens.

③ ごはん[を] 食べる？　　　　　Tu vas manger?
④ あした 京都[へ] 行かない？　　Tu ne veux pas qu'on aille à Kyoto demain?
⑤ この りんご[は] おいしいね。　Elle est bonne, cette pomme.
⑥ そこに はさみ[が] ある？　　　Y a-t-il des ciseaux là-bas?

Néanmoins, les particules で, に, から, まで, と, etc. ne peuvent pas être omises car le sens de la phrase ne serait plus clair sans elles.

4) Dans une phrase de style neutre, il est fréquent que い de V て-forme いる soit omis.

⑦ 辞書、持って [い]る？　　　As-tu un dictionnaire?
　……うん、持って [い]る。　　……Oui, j'en ai un.
　……ううん、持って [い]ない。……Non, je n'en ai pas.

5) けど

けど a la même fonction que が, et il est souvent utilisé dans la conversation.

⑧ その カレー[は] おいしい？　Est-ce que ce curry est bon?
　……うん、辛いけど、おいしい。Oui, il est épicé, mais c'est bon.
⑨ 相撲の チケット[が] あるけど、いっしょに 行かない？
　J'ai des billets pour le sumo. Ça te dit qu'on y aille ensemble?
　……いいね。　　　　　　　　……Bonne idée...

Leçon 21

I. Vocabulaire

おもいます I	思います	penser, croire
いいます I	言います	dire
かちます I	勝ちます	gagner, vaincre
まけます II*	負けます	perdre, être vaincu
あります I		[une fête] avoir lieu, se tenir
［おまつりが～］	［お祭りが～］	
やくに たちます I	役に 立ちます	être utile, servir à
うごきます I	動きます	bouger, fonctionner
やめます II		quitter [son entreprise], prendre sa retraite
［かいしゃを～］	［会社を～］	
きを つけます II	気を つけます	faire attention
りゅうがくします III	留学します	étudier à l'étranger
むだ［な］		inutile
ふべん［な］	不便［な］	inconvénient, peu pratique
すごい		super, génial, terrible, affreux, incroyable (utilisé pour exprimer la surprise ou l'admiration)
ほんとう		vrai
うそ*		faux
じどうしゃ	自動車	voiture
こうつう	交通	circulation, trafic, transport
ぶっか	物価	prix
ほうそう	放送	émission (télévisée, radiodiffusée), annonce
ニュース		nouvelle, information
アニメ		anime (film d'animation japonais)
マンガ		manga, bande dessinée
デザイン		dessin, design
ゆめ	夢	rêve
てんさい	天才	génie

しあい	試合	match（〜を します：jouer un match）
いけん	意見	opinion, avis
はなし	話	conversation, discours, histoire, récit （〜を します：parler, raconter, discuter）
ちきゅう	地球	la Terre
つき	月	la Lune
さいきん	最近	récemment, ces derniers temps
たぶん		peut-être
きっと		certainement, sûrement
ほんとうに		vraiment
そんなに		pas tellement, pas tant（utilisé avec négation）
〜に ついて		sur 〜, au sujet de 〜, concernant 〜

〈会話〉

久しぶりですね。	Ça fait longtemps qu'on ne s'est pas vu.
〜でも 飲みませんか。	Si on allait boire un verre, disons 〜?
もちろん	bien sûr
もう 帰らないと……。	Je dois rentrer maintenant....

....

アインシュタイン	Alber Einstein（1879-1955）
ガガーリン	Yuri Alekseyevich Gagarin（1934-1968）
ガリレオ	Galileo Galilei（1564-1642）
キング牧師	Martin Luther King, Jr.（1929-1968）
フランクリン	Benjamin Franklin（1706-1790）
かぐや姫	Princesse Kaguya（héroïne d'un ancien conte japonais «Taketori monogatari»）
天神祭	Fête Tenjin（fête d'Osaka）
吉野山	Mont Yoshino（montagne qui se trouve à Nara）
カンガルー	kangourou
キャプテン・クック	Capitaine James Cook（1728-1779）
ヨーネン	entreprise fictive

II. Traduction

Structures-clés
1. Je pense qu'il va pleuvoir demain.
2. J'ai dit à mon père que j'aimerais étudier à l'étranger.
3. Vous devez être fatigué.

Phrases-type
1. Où est M. Miller?
   ……Je pense qu'il est probablement déjà rentré.
2. Est-ce que M. Miller est au courant de cette nouvelle?
   ……Non, je pense qu'il ne sait pas.
3. Entre le travail et la famille, lequel est plus important?
   ……Je pense que les deux sont aussi importants.
4. Que pensez-vous du Japon?
   ……Je trouve que la vie est chère.
5. Faites-vous une prière avant le repas?
   ……Non, on n'en fait pas. On dit «Itadakimasu».
6. Princesse Kaguya a dit: «Je dois retourner sur la lune». Ensuite, elle est retournée sur la lune. Fin.
   ……Fin? Maman, moi aussi, je veux aller sur la lune.
7. Avez-vous exprimé votre opinion durant la réunion?
   ……Oui, j'ai dit qu'il y a beaucoup de gaspillage de photocopies.
8. Il y a une fête en juillet à Kyoto, n'est-ce pas?
   ……Oui, il y en a une.

Conversation

Je le pense aussi.

Matsumoto: Tiens! M. Santos, ça fait longtemps qu'on ne s'est pas vu.
Santos: M. Matsumoto, comment allez-vous?
Matsumoto: Bien, ça vous dirait d'aller boire une bière?
Santos: Oui, ce serait bien.
………………………………………………
Santos: Ce soir, à partir de dix heures, il y a le match de football entre le Japon et le Brésil, n'est-ce pas?
Matsumoto: Oui, c'est vrai. Lequel va gagner à votre avis?
Santos: Evidemment, le Brésil!
Matsumoto: Oui, en effet. Mais le Japon est devenu fort ces derniers temps.
Santos: Oui, je le pense aussi… Je dois rentrer maintenant.
Matsumoto: Oui, rentrons.

III. Vocabulaire de référence & informations

役職名 (やくしょくめい) Statut social

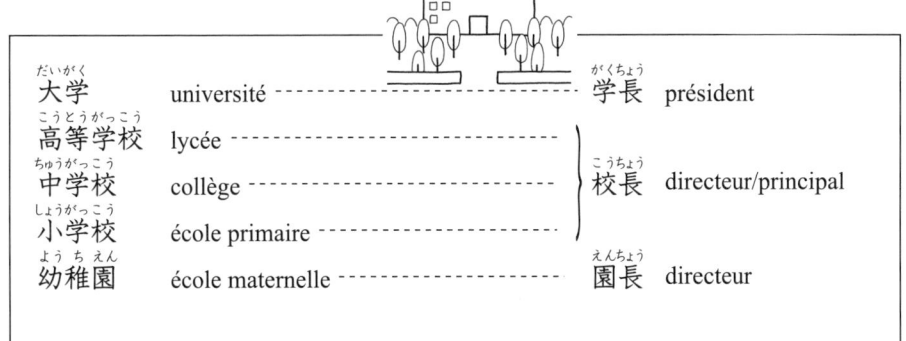

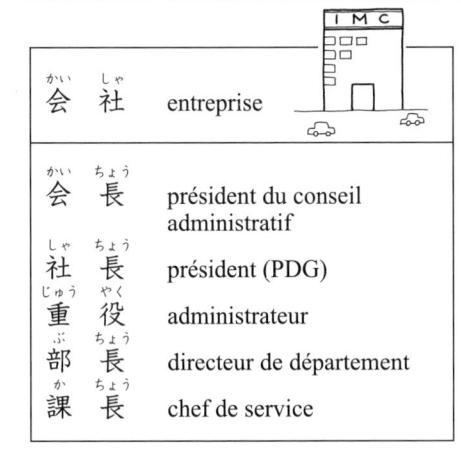

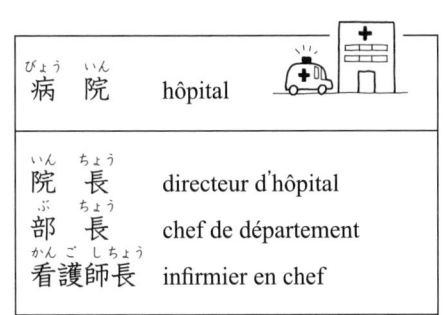

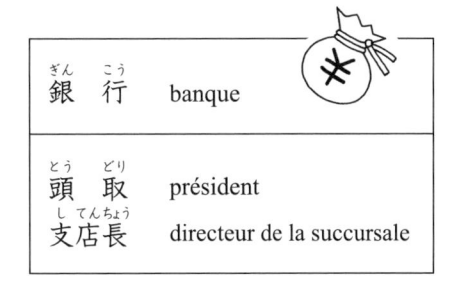

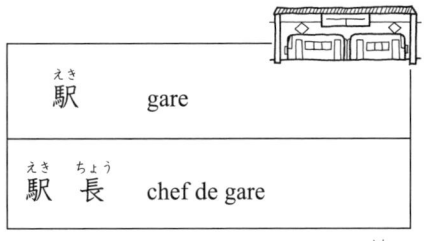

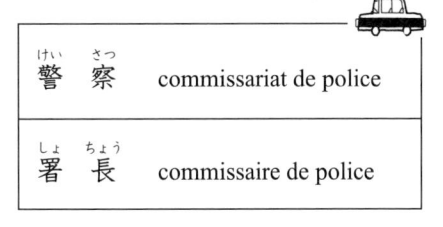

国 (くに)	pays	首相 (しゅしょう)（内閣総理大臣 ないかくそうりだいじん）	premier ministre
都道府県 (とどうふけん)	préfecture	知事 (ちじ)	préfet
市 (し)	ville	市長 (しちょう)	maire (de ville)
町 (まち)	bourg, quartier	町長 (ちょうちょう)	maire (de bourg)
村 (むら)	village	村長 (そんちょう)	maire (de village)

大学 (だいがく)	université	学長 (がくちょう)	président
高等学校 (こうとうがっこう)	lycée	校長 (こうちょう)	directeur/principal
中学校 (ちゅうがっこう)	collège		
小学校 (しょうがっこう)	école primaire		
幼稚園 (ようちえん)	école maternelle	園長 (えんちょう)	directeur

会社 (かいしゃ)	entreprise
会長 (かいちょう)	président du conseil administratif
社長 (しゃちょう)	président (PDG)
重役 (じゅうやく)	administrateur
部長 (ぶちょう)	directeur de département
課長 (かちょう)	chef de service

病院 (びょういん)	hôpital
院長 (いんちょう)	directeur d'hôpital
部長 (ぶちょう)	chef de département
看護師長 (かんごしちょう)	infirmier en chef

銀行 (ぎんこう)	banque
頭取 (とうどり)	président
支店長 (してんちょう)	directeur de la succursale

駅 (えき)	gare
駅長 (えきちょう)	chef de gare

警察 (けいさつ)	commissariat de police
署長 (しょちょう)	commissaire de police

IV. Explications grammaticales

21

1. | **Forme neutre と 思います** | Je pense que......

Le contenu de la pensée et du jugement exprimé par おもいます est marqué par la particule と. Cette structure de phrase est utilisée pour les emplois suivants:

1) Exprimer une conjecture

① あした 雨が 降ると 思います。   Je pense qu'il va pleuvoir demain.

② テレーザちゃんは もう 寝たと 思います。   Je pense que Teresa s'est déjà couchée.

Quand le contenu de la conjecture est négatif, la proposition qui précède と est mise à la forme négative.

③ ミラーさんは この ニュースを 知って いますか。
……いいえ、知らないと 思います。

Est-ce que M. Miller est au courant de cette nouvelle?
……Non, je pense qu'il n'est pas au courant.

2) Exprimer une opinion

④ 日本は 物価が 高いと 思います。   Je trouve que la vie est chère au Japon.

Lorsqu'on demande une opinion sur quelque chose, on utilise l'expression ～に ついて どう おもいますか, sans ajouter と après どう.

⑤ 新しい 空港に ついて どう 思いますか。
……きれいですが、ちょっと 交通が 不便だと 思います。

Que pensez-vous du nouvel aéroport?
……Il est beau, mais je trouve qu'il n'est pas bien desservi.

On peut exprimer l'accord et le désaccord sur l'opinion des autres de cette manière:

⑥ ケータイは 便利ですね。   Le téléphone portable est pratique, n'est-ce pas?
……わたしも そう 思います。   ……Moi aussi, je pense comme vous.

2. | **«Phrase»** / **Forme neutre** } と 言います

Le contenu de ce qu'on rapporte d'un discours est marqué par と. Il y a deux manières pour l'exprimer.

1) Lorsqu'on rapporte directement un discours, on répète la partie citée. À l'écrit, la parole rapportée est mise telle qu'elle est entre 「   」.

⑦ 寝る まえに、「お休みなさい」と 言います。
On dit «Bonne nuit» avant de se coucher.

⑧ ミラーさんは「来週 東京へ 出張します」と 言いました。
M. Miller a dit: «J'irai à Tokyo pour mon travail la semaine prochaine».

2) Pour rapporter le discours indirectement, la forme neutre est utilisée devant と.

⑨ ミラーさんは 東京へ 出張すると 言いました。
M. Miller a dit qu'il irait à Tokyo pour son travail.

Le temps de la phrase rapportée n'est pas influencé par le temps de la phrase principale.

Le destinataire de la parole est indiqué par la particule に.

⑩ 父に 留学したいと 言いました。
J'ai dit à mon père que je voudrais faire des études à l'étranger.

3.
$$\left.\begin{array}{l} \text{V} \\ \text{い -adj} \\ \text{な -adj} \\ \text{N} \end{array}\right\} \begin{array}{l} \text{forme neutre} \\ \text{forme neutre} \\ \sim\text{だ} \end{array} \biggr\} でしょう?$$
……, n'est-ce pas?

Cette structure de phrase s'emploie lorsque le locuteur demande ou confirme l'accord à son interlocuteur par rapport à ce qu'il a dit. でしょう est prononcé avec une intonation montante. La partie qui précède でしょう est à la forme neutre, mais en cas de な-adjectif et de nom, 〜だ est omis.

⑪ あした パーティーに 行くでしょう?
Vous allez à la soirée demain, n'est-ce pas?
……ええ、行きます。　　　　　……Oui, j'y vais.

⑫ 北海道は 寒かったでしょう?　Il faisait froid à Hokkaido, non?
……いいえ、そんなに 寒くなかったです。
……Non, il ne faisait pas tellement froid.

4. N₁(lieu)で N₂が あります

Lorsque N₂ est une manifestation ou un évènement tels qu'une soirée, un concert, une fête, un incident, un désastre, etc., あります est utilisé dans le sens de «se tenir» ou «avoir lieu».

⑬ 東京で 日本と ブラジルの サッカーの 試合が あります。
Un match de football entre le Japon et le Brésil se tiendra à Tokyo.

5. N(situation)で

La situation dans laquelle quelque chose se déroule est marquée par で.

⑭ 会議で 何か 意見を 言いましたか。Avez-vous exprimé vos opinions à la réunion?

6. Nでも V

Lorsqu'on offre ou propose quelque chose à quelqu'un, ou qu'on exprime son souhait, la particule でも peut être utilisée pour montrer l'objet proposé ou souhaité comme un exemple parmi d'autres, sans spécifier cet objet.

⑮ ちょっと ビールでも 飲みませんか。Si on allait boire un verre, disons de la bière?

7. V ない-forme ないと……

Il s'agit de la phrase elliptique : いけません est omis de V ない-forme ないと いけません (L.17). Le sens de V ない-forme ないと いけません est plus ou moins équivalent à celui de V ない-forme なければ なりません étudié dans la leçon 17.

⑯ もう 帰らないと……。　　　　Il faut que je rentre...

Leçon 22

I. Vocabulaire

きますⅡ	着ます	mettre（une chemise, etc.）
はきますⅠ		mettre（des chaussures, un pantalon, etc.）
かぶりますⅠ		mettre（un chapeau, un bonnet, etc.）
かけますⅡ 　［めがねを～］	［眼鏡を～］	mettre [des lunettes]
しますⅢ 　［ネクタイを～］		mettre [une cravate]
うまれますⅡ	生まれます	naître
わたしたち		nous
コート		manteau
セーター		pull-over
スーツ *		tailleur, costume
ぼうし	帽子	chapeau, bonnet, casquette
めがね	眼鏡	lunettes
ケーキ		gâteau
［お］べんとう	［お］弁当	casse-croûte
ロボット		robot
ユーモア		humour
つごう	都合	convenance, commodité
よく		souvent

〈練習 C〉

えーと	euh, eh bien
おめでとう［ございます］。	Félicitations., Meilleurs vœux. (exprimée à l'occasion d'un anniversaire, d'un mariage ou du Nouvel An, etc.)

〈会話〉

お探しですか。	Recherchez-vous ～?
では	alors, dans ce cas-là
こちら	celui-ci (expression polie de これ)
家賃	loyer
ダイニングキッチン	cuisine-salle à manger
和室	pièce de style japonais
押し入れ	placard intégré de style japonais avec des portes coulissantes
布団	futon (literie japonaise, matelas et couette japonais)

パリ	Paris
万里の長城	La Grande Muraille de Chine
みん␣な␣の␣アンケート	questionnaire fictif

II. Traduction

Structures-clés

1. C'est le gâteau qu'a fait M. Miller.
2. La personne qui est là-bas est M. Miller.
3. J'ai oublié les mots que j'ai appris hier.
4. Je n'ai pas le temps d'aller faire les courses.

Phrases-type

1. Ce sont des photos que j'ai prises à la Muraille de Chine.
   ······Vraiment? C'est magnifique!
2. Lequel est le tableau que Karina a peint?
   ······C'est celui-là. C'est cette peinture de mer là.
3. Qui est la personne qui porte le kimono là-bas?
   ······C'est Mlle Kimura.
4. M. Yamada, où avez-vous rencontré votre femme pour la première fois?
   ······Au château d'Osaka.
5. Comment était le concert auquel vous êtes allé avec Mlle Kimura?
   ······C'était très bien.
6. Qu'est-ce qui se passe?
   ······J'ai perdu le parapluie que j'ai acheté hier.
7. Quel genre de maison voulez-vous?
   ······J'aimerais une maison qui a un grand jardin.
8. Ne voudriez-vous pas aller voir un match de football dimanche?
   ······Je suis désolé…Dimanche, j'ai prévu de voir des amis.

Conversation

Quel genre d'appartement recherchez-vous?

Agent immobilier:	Quel genre d'appartement recherchez-vous?
Wang:	Eh bien, un appartement avec un loyer d'environ 80 000 yen et non loin de la gare me conviendrait.
Agent immobilier:	Alors, que pensez-vous de celui-ci?
	Il est à 10 minutes de la gare et le loyer est à 83 000 yen.
Wang:	Il y a une cuisine-salle à manger et une pièce à la japonaise, n'est-ce pas?
	Dites-moi, qu'est-ce que c'est, ici?
Agent immobilier:	C'est l'oshiire. C'est un endroit pour ranger les futon.
Wang:	Ah d'accord.
	Est-ce que je peux visiter cet appartement aujourd'hui?
Agent immobilier:	Oui. Voulez-vous qu'on aille maintenant?
Wang:	Oui, ce serait bien.

III. Vocabulaire de référence & informations

衣服（いふく） Vêtements

スーツ costume, tailleur	ワンピース robe	上着（うわぎ） veste	ズボン／パンツ pantalon ジーンズ jeans
スカート jupe	ブラウス chemisier	ワイシャツ chemise	セーター pull
マフラー écharpe 手袋（てぶくろ） gants	下着（したぎ） sous-vêtement	くつした chaussettes （パンティー） ストッキング collant	着物（きもの） kimono 帯（おび） obi
（オーバー）コート manteau レインコート imperméable	ネクタイ cravate ベルト ceinture	ハイヒール chaussures à talons ブーツ bottes 運動靴（うんどうぐつ） basket	ぞうり たび zori tabi

IV. Explications grammaticales

1. Proposition nominale qualifiant

La façon de qualifier le nom a été abordée dans les leçons 2 et 8.

ミラーさんの うち	la maison de M. Miller (L.2)
新しい うち	une nouvelle maison (L.8)
きれいな うち	une belle maison (L.8)

Lorsqu'un mot ou une proposition qualifie un nom, il se place devant le nom à qualifier. Dans cette leçon, nous allons étudier comment une proposition qualifie un nom.

1) Les verbes, les adjectifs et les noms dans une proposition qualifiant un nom sont à la forme neutre. な -adjectif prend la forme ～な et le nom prend la forme ～の.

① 京都へ
 - 行く 人 — la personne qui va à Kyoto
 - 行かない 人 — la personne qui ne va pas à Kyoto
 - 行った 人 — la personne qui est allée à Kyoto
 - 行かなかった 人 — la personne qui n'est pas allée à Kyoto

背が 高くて、髪が 黒い 人 la grande personne aux cheveux noirs
親切で、きれいな 人 la personne qui est gentille et jolie
65歳の 人 la personne qui a 65 ans

2) Les propositions qualifiant le nom sont utilisées dans diverses types de phrase, comme suivant.

② これは ミラーさんが 住んで いた うちです。
C'est la maison où M. Miller habitait.

③ ミラーさんが 住んで いた うちは 古いです。
La maison où M. Miller habitait est ancienne.

④ ミラーさんが 住んで いた うちを 買いました。
J'ai acheté la maison où M. Miller habitait.

⑤ わたしは ミラーさんが 住んで いた うちが 好きです。
J'aime la maison où M. Miller habitait.

⑥ ミラーさんが 住んで いた うちに 猫が いました。
Il y avait un chat dans la maison où M. Miller habitait.

⑦ ミラーさんが 住んで いた うちへ 行った ことが あります。
Je suis déjà allé à la maison où M. Miller habitait.

3) Le sujet de la phrase dans la proposition qualifiant le nom est marqué par が.

⑧ これは ミラーさんが 作った ケーキです。
Ceci est un gâteau que M. Miller a fait.

⑨ わたしは カリナさんが かいた 絵が 好きです。
J'aime la peinture que Karina a peinte.

⑩ [あなたは] 彼が 生まれた 所を 知って いますか。
Connaissez-vous l'endroit où il est né?

2. V en forme dictionnaire 時間／約束／用事

Lorsque l'on évoque le temps pour faire quelque chose ou que l'on décrit un rendez-vous ou une action/tâche à faire, etc., le verbe est mis à la forme dictionnaire et est placé devant le nom tel que じかん, やくそく et ようじ, etc.

⑪ わたしは 朝ごはんを 食べる 時間が ありません。
Je n'ai pas le temps de prendre le petit déjeuner.

⑫ わたしは 友達と 映画を 見る 約束が あります。
J'ai un rendez-vous pour aller au cinéma avec mes amis.

⑬ きょうは 市役所へ 行く 用事が あります。
J'ai quelque chose à faire à la mairie aujourd'hui.

3. V ます -forme ましょうか   Voulez-vous que nous fassions...?

Dans la leçon 14, cette structure de phrase a été étudiée en tant qu'expression que le locuteur utilise pour proposer de faire quelque chose pour l'interlocuteur. Dans cette leçon, cette structure est présentée comme expression utilisée lorsque le locuteur propose de faire quelque chose avec l'interlocuteur.

⑭ この 部屋、きょう 見る ことが できますか。
Pourrais-je visiter cette chambre aujourd'hui?
……ええ。今から 行きましょうか。   ……Oui, on y va maintenant?

Leçon 23

I. Vocabulaire

ききます I [せんせいに～]	聞きます [先生に～]	demander [au professeur]
まわします I	回します	(faire) tourner
ひきます I	引きます	tirer
かえます II	変えます	changer, modifier
さわります I [ドアに～]	触ります	toucher [à la porte]
でます II [おつりが～]	出ます [お釣りが～]	[la monnaie] être rendue, sortir
あるきます I	歩きます	marcher
わたります I [はしを～]	渡ります [橋を～]	traverser [le pont]
まがります I [みぎへ～]	曲がります [右へ～]	tourner [à droite]
さびしい	寂しい	triste
[お]ゆ	[お]湯	eau chaude
おと	音	son, bruit
サイズ		taille, format
こしょう	故障	panne (～します : tomber en panne)
みち	道	chemin, rue, route
こうさてん	交差点	carrefour
しんごう	信号	feux de circulation
かど	角	angle, coin, tournant
はし	橋	pont
ちゅうしゃじょう	駐車場	parking
たてもの	建物	bâtiment, immeuble
なんかいも	何回も	plusieurs fois
－め	－目	-ème (indiquant l'ordre)

聖徳太子 (しょうとくたいし)
法隆寺 (ほうりゅうじ)

元気茶 (げんきちゃ)
本田駅 (ほんだえき)
図書館前 (としょかんまえ)

Prince Shotoku (574-622)
Temple Horyuji, temple bouddhiste situé dans la préfecture de Nara, construit par le Prince Shotoku au début du 7ème siècle.

thé fictif
gare fictive
arrêt de bus fictif

II. Traduction

Structures-clés
1. Quand on emprunte des livres à la bibliothèque, on a besoin d'une carte.
2. En appuyant sur ce bouton, la monnaie sort.

Phrases-type
1. Regardez-vous souvent la télévision?
   ……Eh bien…Je la regarde quand il y a un match de baseball.
2. Que faites-vous quand il n'y a rien dans le réfrigérateur?
   ……Je vais manger dans un restaurant près de chez moi.
3. Avez-vous éteint l'air conditionné en sortant de la salle de réunion?
   ……Oui, je l'ai éteint.
4. M. Santos, où achetez-vous vos vêtements et vos chaussures?
   ……Je les achète quand je rentre dans mon pays parce qu'au Japon, les tailles sont trop petites.
5. Qu'est-ce que c'est?
   ……C'est du «genki-cha». J'en prends quand je ne suis pas en forme.
6. Ça vous dirait de venir chez moi quand vous êtes libre?
   ……Avec plaisir.
7. Quand vous étiez à l'université, aviez-vous un travail étudiant?
   ……Oui, ça m'est arrivé de travailler de temps en temps.
8. Il n'y a pas d'eau chaude qui sort.
   ……L'eau chaude sort en appuyant là.
9. Excusez-moi. Où est la mairie?
   ……Suivez la route tout droit, puis la mairie se trouve sur la gauche. C'est un bâtiment ancien.

Conversation

Comment y aller?

Bibliothécaire: La bibliothèque Midori à l'appareil.
Karina: Excusez-moi… Comment dois-je faire pour venir?
Bibliothécaire: À partir de la gare «Honda», prenez le bus n° 12 et descendez à l'arrêt «Toshokanmae». C'est le troisième arrêt.
Karina: Le troisième arrêt?
Bibliothécaire: Oui, en descendant, il y a un parc en face. La bibliothèque est le bâtiment blanc qui se trouve dans le parc.
Karina: D'accord. Et ai-je besoin de quelque chose pour emprunter un livre?
Bibliothécaire: Apportez un document qui montre votre nom et votre adresse.
Karina: D'accord. Je vous remercie.

III. Vocabulaire de référence & informations

道路・交通 (どうろ・こうつう) Route et circulation

① 歩道 (ほどう) trottoir
② 車道 (しゃどう) route
③ 高速道路 (こうそくどうろ) autoroute
④ 通り (とおり) rue
⑤ 交差点 (こうさてん) carrefour
⑥ 横断歩道 (おうだんほどう) passage clouté
⑦ 歩道橋 (ほどうきょう) passerelle
⑧ 角 (かど) coin
⑨ 信号 (しんごう) feu de circulation
⑩ 坂 (さか) pente
⑪ 踏切 (ふみきり) passage à niveau
⑫ ガソリンスタンド station service

止まれ (と) stop
進入禁止 (しんにゅうきんし) sens interdit
一方通行 (いっぽうつうこう) sens unique
駐車禁止 (ちゅうしゃきんし) stationnement interdit
右折禁止 (うせつきんし) interdiction de tourner à droite

IV. Explications grammaticales

1.
| V en forme dictionnaire |
| V ない-forme ない |
| い-adj (〜い) | とき、〜 (**proposition principale**)   Quand...
| な-adj な |
| N の |

とき relie deux propositions et indique à quel moment se produit ou existe l'état, l'action ou le phénomène décrit par la proposition principale. La forme du mot qui précède とき est identique à la forme qui qualifie un nom.

① 図書館で 本を 借りる とき、カードが 要ります。
   Quand vous empruntez un livre à la bibliothèque, vous avez besoin d'une carte.
② 使い方が わからない とき、わたしに 聞いて ください。
   Si vous ne comprenez pas comment cela s'utilise, demandez-moi.
③ 体の 調子が 悪い とき、「元気茶」を 飲みます。
   Quand je ne suis pas en forme, je bois du «genki-cha».
④ 暇な とき、うちへ 遊びに 来ませんか。
   Ne viendrez-vous pas me voir chez moi quand vous êtes libre?
⑤ 妻が 病気の とき、会社を 休みます。
   Quand ma femme est malade, je m'absente du bureau.
⑥ 若い とき、あまり 勉強しませんでした。
   Quand j'étais jeune, je ne travaillais pas beaucoup.
⑦ 子どもの とき、よく 川で 泳ぎました。
   Quand j'étais enfant, je nageais souvent dans la rivière.

Le temps de la proposition qualifiant とき n'est pas influencé par le temps de la phrase principale.

2.
| V en forme dictionnaire |
| V た-forme | とき、〜 (**proposition principale**)   Quand...

Quand le verbe devant とき est à la forme dictionnaire, ce qui est décrit par la proposition principale a lieu avant ce qui est décrit dans la proposition とき.

Quand le verbe devant とき est à la た-forme, ce qui est décrit dans la proposition principale a lieu après ce qui est décrit dans la proposition とき.

⑧ パリへ 行く とき、かばんを 買いました。
   J'ai acheté un sac en allant à Paris.
⑨ パリへ 行った とき、かばんを 買いました。
   J'ai acheté un sac quand j'ai été à Paris.

⑧ signifie que le sac a été acheté avant d'arriver à Paris, c'est-à-dire sur le trajet, alors que ⑨ signifie que le sac a été acheté après être arrivé à Paris, donc le sac a été acheté à Paris.

3. V en forme dictionnaire と、〜(proposition principale)   Si ... alors ....

Cette structure de phrase indique que si une action ou un évènement se produit (ce qui est avant と), alors une autre action, une situation ou un phénomène (ce qui est après と) se produit inévitablement.

⑩ この ボタンを 押すと、お釣りが 出ます。
　　Si vous appuyez sur ce bouton, alors vous obtiendrez votre monnaie.
⑪ これを 回すと、音が 大きく なります。
　　Si vous tournez ceci, alors le son augmente.
⑫ 右へ 曲がると、郵便局が あります。
　　Si vous tournez à droite, alors vous trouverez le bureau de poste.

4. N が adj

Dans la leçon 14, nous avons appris que が est utilisé pour décrire un phénomène tel qu'il est perçu par les cinq sens (vue, ouïe, etc...) ou pour décrire objectivement un évènement. が peut être utilisé non seulement dans une phrase verbale mais aussi une phrase adjectivale.

⑬ 音が 小さいです。　　　　　　Le son est faible.

5. N を verbe de mouvement

を est utilisé avec des verbes de mouvement tels que さんぽします, わたります et あるきます pour indiquer le lieu par lequel les gens et les choses passent.

⑭ 公園を 散歩します。　　　　Je me promène dans le parc. (L.13)
⑮ 道を 渡ります。　　　　　　Je traverse la rue.
⑯ 交差点を 右へ 曲がります。　Je tourne à droite à l'intersection.

Leçon 24

I. Vocabulaire

くれますⅡ		(me) donner
なおしますⅠ	直します	réparer, corriger
つれて いきますⅠ	連れて 行きます	emmener (quelqu'un)
つれて きますⅢ *	連れて 来ます	amener (quelqu'un)
おくりますⅠ [ひとを〜]	送ります [人を〜]	(r)accompagner [quelqu'un]
しょうかいしますⅢ	紹介します	présenter
あんないしますⅢ	案内します	guider, faire visiter
せつめいしますⅢ	説明します	expliquer
おじいさん／ 　おじいちゃん		grand-père, vieil homme
おばあさん／ 　おばあちゃん		grand-mère, vieille femme
じゅんび	準備	préparation（〜［を］します： 　préparer）
ひっこし	引っ越し	déménagement（〜［を］します： 　déménager）
［お］かし	［お］菓子	gâteau
ホームステイ		séjour en famille d'accueil
ぜんぶ	全部	tout（ne s'emploie pas pour les 　personnes）
じぶんで	自分で	par soi-même

〈会話〉

ほかに   d'autre, en outre, en plus

母の日   la fête des mères

II. Traduction

Structures-clés
1. Mlle Sato m'a donné du chocolat.
2. M. Yamada m'a corrigé mon rapport.
3. Ma mère m'a envoyé un pull-over.
4. J'ai prêté un livre à Mlle Kimura.

Phrases-type
1. Taro, aimes-tu ta grand-mère?
   ……Oui, je l'aime. Elle me donne toujours des gâteaux.
2. C'est un bon vin.
   ……Oui, c'est Mlle Sato qui me l'a donné. C'est un vin français.
3. M. Miller, avez-vous préparé vous-même tous les plats de la soirée d'hier?
   ……Non, M. Wang m'a aidé.
4. Êtes-vous allé en train?
   ……Non, M. Yamada m'a emmené en voiture.
5. Taro, que vas-tu faire pour ta mère à la fête des mères?
   ……Je vais jouer du piano pour elle.

Conversation

Voulez-vous que je vienne vous aider?

Karina: M. Wang, vous déménagez ce dimanche, n'est-ce pas? Voulez-vous que je vienne vous aider?
Wang: Merci. Alors, si cela ne vous dérange pas, venez vers 9 heures.
Karina: Qui d'autre vient aider?
Wang: M. Yamada et M. Miller viennent aussi.
Karina: Et pour la voiture?
Wang: M. Yamada va me prêter sa voiture.
Karina: Et que fait-on pour le déjeuner?
Wang: Euh…
Karina: Je pourrais préparer et apporter les casse-croûtes?
Wang: Ah oui. Merci.
Karina: Alors, à dimanche.

III. Vocabulaire de référence & informations

贈答の習慣　Échange de cadeaux
(ぞうとう の しゅうかん)

お年玉 (としだま)	Argent offert par les parents et la famille aux enfants pour le Nouvel An
入学祝い (にゅうがくいわい)	Cadeau à offrir à une personne qui est admise dans une école (argent, fournitures scolaires, livres, etc.)
卒業祝い (そつぎょういわい)	Cadeau à offrir à une personne qui a terminé ses études (argent, fournitures scolaires, livres, etc.)
結婚祝い (けっこんいわい)	Cadeau de mariage (argent, articles pour la maison, etc.)
出産祝い (しゅっさんいわい)	Cadeau pour féliciter d'une naissance (vêtement pour bébé, jouet, etc.)
お中元 (ちゅうげん) [juillet ou août] お歳暮 (せいぼ) [décembre]	Cadeau à offrir aux personnes qui vous aide habituellement telles qu'un médecin, un professeur, un supérieur, etc. (produits alimentaires, etc.)
お香典 (こうでん)	Argent à offrir à la famille d'un défunt en guise de condoléances
お見舞い (みまい)	Cadeau à offrir lors d'une visite chez une personne malade ou blessée (fleurs, fruits, etc.)

熨斗袋 (のしぶくろ)　**Enveloppe spéciale utilisée pour offrir de l'argent**
En fonction de l'occasion, on en choisit une qui convient.

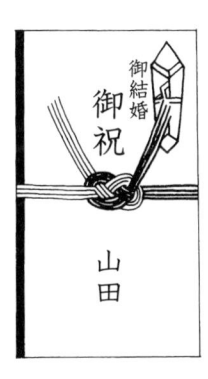

Pour un mariage (ruban rouge et blanc ou doré et argenté)

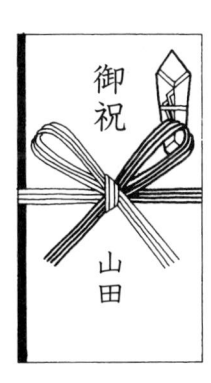

Pour des félicitations générales sauf le mariage (ruban rouge et blanc ou doré et argenté)

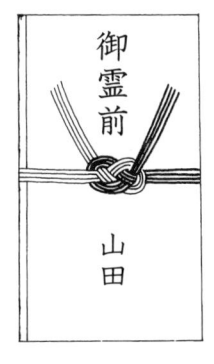

Pour des funérailles (ruban noir et blanc)

IV. Explications grammaticales

1. くれます

Le verbe あげます, que nous avons vu dans la leçon 7, ne peut pas être utilisé lorsque quelqu'un outre le locuteur (moi) donne quelque chose au locuteur (moi) ou à un membre de la famille du locuteur. Dans ce cas-là, on utilise le verbe くれます.

① わたしは 佐藤さんに 花を あげました。

J'ai donné des fleurs à Mlle Sato.

×佐藤さんは わたしに クリスマスカードを あげました。

② 佐藤さんは わたしに クリスマスカードを くれました。

Mlle Sato m'a donné une carte de Noël.

③ 佐藤さんは 妹に お菓子を くれました。

Mlle Sato a donné des gâteaux à ma petite sœur.

2. V て -forme { あげます / もらいます / くれます }

あげます, もらいます et くれます sont utilisés pour exprimer l'échange de choses (donner-recevoir) mais 〜て あげます, 〜て もらいます et 〜て くれます sont utilisés pour dénoter une action qui est considérée comme une faveur ou un avantage.

1) V て -forme あげます

La structure de phrase V て-forme あげます est utilisée lorsque l'agent de l'action est dans la position du sujet et indique que cette action est bénéfique ou bienveillante envers le receveur.

④ わたしは 木村さんに 本を 貸して あげました。

J'ai prêté un livre à Mlle Kimura.

Étant donné cette fonction décrite ci-dessus, il faut éviter d'utiliser 〜て あげます lorsque vous êtes la personne qui exerce l'action de faveur envers quelqu'un socialement supérieur car cela risque de donner l'impression que vous insistez sur votre propre bienveillance. Dans le cas où l'on propose une action bénéfique envers une personne supérieure, on utilisera V ます -forme ましょうか (L.14, 5).

⑤ タクシーを 呼びましょうか。

Voulez-vous que j'appelle un taxi? (L.14)

⑥ 手伝いましょうか。

Voulez-vous que je vous aide? (L.14)

2) V て -forme もらいます

⑦ わたしは 山田さんに 図書館の 電話番号を 教えて もらいました。

M. Yamada m'a donné le numéro de téléphone de la bibliothèque.

Cette structure de phrase, dans laquelle le receveur de l'action est le sujet de la phrase, exprime que le locuteur considère qu'il reçoit un bénéfice ou un profit de cette action.

Lorsque le sujet est わたし, il est généralement omis.

3) V て -forme くれます

⑧ 母は［わたしに］セーターを送ってくれました。
   Ma mère m'a envoyé un pull-over.

Ici, la personne effectuant l'action est le sujet de la phrase, et cette structure de phrase suggère que le locuteur considère qu'il reçoit un bénéfice ou un profit de l'action. Quand le receveur de l'action, marqué par la particule に, est わたし, il est généralement omis.

[Note] Dans une phrase utilisant ～てあげます ou ～てくれます, la particule qui marque la personne qui reçoit le bénéfice est la même que dans la phrase construite sans ～てあげます ou ～てくれます.

わたしに旅行の写真を見せます。
↓
わたしに旅行の写真を見せてくれます。

(Quelqu'un) me montre les photos prises durant le voyage.

わたしを大阪城へ連れて行きます。
↓
わたしを大阪城へ連れて行ってくれます。

(Quelqu'un) m'emmène au château d'Osaka.

わたしの引っ越しを手伝います。
↓
わたしの引っ越しを手伝ってくれます。

(Quelqu'un) m'aide pour mon déménagement.

3. N_1 は N_2 が V

⑨ おいしいワインですね。
   ……ええ、［このワインは］佐藤さんがくれました。
   Ce vin est bon...
   ……Oui, c'est Mlle Sato qui me l'a donné.

Dans la réponse, このワインを qui est le complément d'objet de la phrase さとうさんがこのワインをくれました est repris comme thème (L.17, 5). Étant donné que このワインは est une information connue du locuteur et de l'interlocuteur, il peut être omis. Par ailleurs dans cette phrase, さとうさん est marqué par が car il est devenu le sujet de la phrase.

Leçon 25

I. Vocabulaire

かんがえます II	考えます	réfléchir, penser, considérer
つきます I	着きます	arriver
とります I	取ります	prendre [de l'âge]
［としを～］	［年を～］	
たります II	足ります	suffir, être suffisant
いなか	田舎	campagne, pays natal
チャンス		chance, occasion
おく	億	cent millions
もし［～たら］		si ～
いみ	意味	sens, signification

〈練習C〉
もしもし　　　　　　　　　　　　　allô (utilisé au téléphone)

〈会話〉
転勤　　　　　　　　　　　　　　　mutation（〜します：être muté）
こと　　　　　　　　　　　　　　　chose, affaires（〜の こと：quelque
　　　　　　　　　　　　　　　　　　chose que 〜, choses relatives à 〜）
暇　　　　　　　　　　　　　　　　temps libre
［いろいろ］お世話に なりました。　Je suis très reconnaissant pour tout ce
　　　　　　　　　　　　　　　　　que vous avez fait pour moi.
頑張りますⅠ　　　　　　　　　　　faire de son mieux
どうぞ お元気で。　　　　　　　　Prenez soin de vous.（utilisé lorsqu'on
　　　　　　　　　　　　　　　　　s'attend à une séparation de longue
　　　　　　　　　　　　　　　　　durée）

ベトナム　　　　　　　　　　　　　Viêt-nam

II. Traduction

Structures-clés
1. Je ne sortirai pas s'il pleut.
2. Je sortirai, même s'il pleut.

Phrases-type
1. Que feriez-vous si vous aviez cent millions de yen?
   ……Je construirais une école.
2. Que ferez-vous s'il n'y a pas de trains ni de bus?
   ……Je rentrerai à pied.
3. La nouvelle boutique de chaussures a beaucoup de belles chaussures.
   ……Vraiment? Je voudrais en acheter si ce n'est pas cher.
4. Dois-je venir demain aussi?
   ……Non, si vous ne pouvez pas, venez la semaine prochaine.
5. Avez-vous déjà pensé au prénom de l'enfant?
   ……Oui, si c'est un garçon, ce sera Hikaru et si c'est une fille, ce sera Aya.
6. Allez-vous travailler dès que vous aurez fini vos études à l'université?
   ……Non, j'ai envie de visiter différents pays pendant une année environ.
7. Professeur, je ne comprends pas ce mot.
   ……Avez-vous regardé dans le dictionnaire?
   Oui, même en regardant le dictionnaire, je ne comprends pas.
8. Vous mettez la climatisation quand il fait chaud?
   ……Non, même quand il fait chaud, je ne la mets pas. Je pense que ce n'est pas bon pour la santé.

Conversation

Merci pour tout.

Kimura : Félicitations pour votre mutation.
Miller : Je vous remercie.
Kimura : Quand vous serez parti à Tokyo, vous allez nous manquer.
Sato : Oui, c'est vrai.
Kimura : Même si vous êtes à Tokyo, n'oubliez pas Osaka, s'il vous plaît.
Miller : Bien sûr. Dès que vous avez du temps libre, venez absolument me voir à Tokyo.
Santos : Vous aussi, quand vous venez à Osaka, appelez-nous. On ira boire un verre.
Miller : Oui, je n'y manquerais pas.
   Je suis très reconnaissant pour ce que tout le monde a fait pour moi.
Sato : Bon courage et prenez soin de vous.
Miller : Oui, prenez soin de vous aussi.

III. Vocabulaire de référence & informations

人(ひと)の 一生(いっしょう)　Une vie

0歳(さい)	赤(あか)ちゃん bébé	
		生(う)まれます　naître

保育園(ほいくえん)	crèche
幼稚園(ようちえん)	école maternelle

6歳(さい)　子(こ)ども　enfant　　学校(がっこう)に 入(はい)ります　entrer dans une école

小学校(しょうがっこう) (6 ans)	école primaire
中学校(ちゅうがっこう) (3)	collège
高等学校(こうとうがっこう) (3)	lycée

18歳(さい)　青年(せいねん)　jeune

大学(だいがく) (4)	短大(たんだい) (2)	専門学校(せんもんがっこう) (2)
université	université de 2 ans	école professionnelle et technique
大学院(だいがくいん) (2〜6)		
école de master et doctorale		

学校(がっこう)を 出(で)ます　être diplomé
就職(しゅうしょく)します　obtenir un emploi
結婚(けっこん)します　se marier

30歳(さい)

子(こ)どもが 生(う)まれます　avoir un enfant

40歳(さい)　中年(ちゅうねん)　personne d'âge moyen
　(離婚(りこん)します　divorcer)
　(再婚(さいこん)します　se remarier)

60歳(さい)

70歳(さい)　老人(ろうじん)　personne âgée

?

仕事(しごと)を やめます　prendre sa retraite

死(し)にます　mourir

Espérance de vie des Japonais

homme　79,59
femme　86,44

(2009 Ministre de la Santé, du Travail et des Affaires sociales)

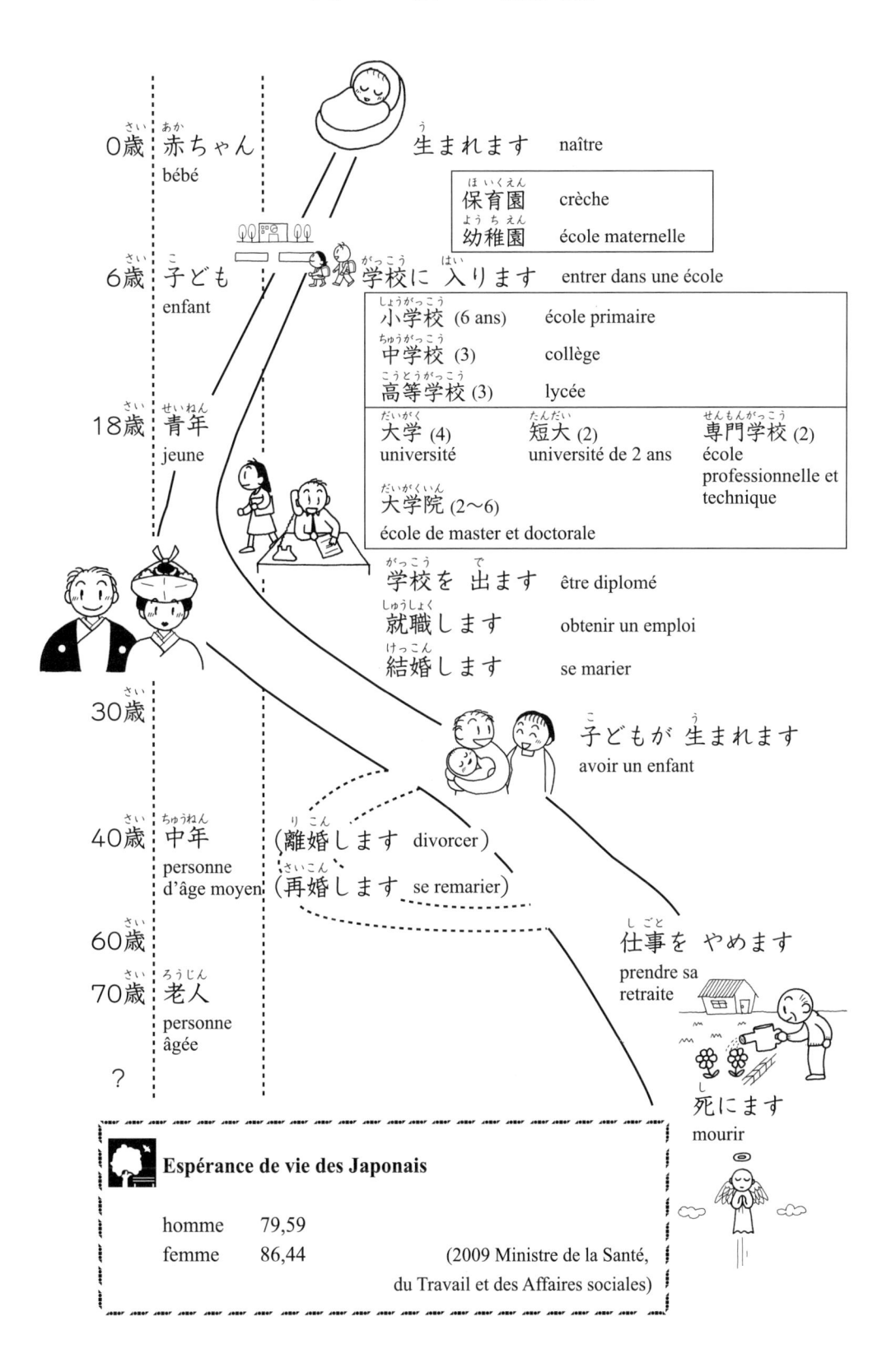

IV. Explications grammaticales

1. Passé de la forme neutre ら、~(proposition principale)   Si...

En attachant ら à la forme neutre au passé des verbes, des adjectifs ou des noms, on exprime le conditionnel hypothétique. La proposition qui suit (proposition principale) indique ce qui se produit si le contenu de la proposition conditionnelle est valide. Dans la proposition principale, on peut utiliser une structure pour exprimer l'intention, le désir, l'invitation et la requête, etc.

① お金が あったら、旅行します。
   Si j'avais de l'argent, je voyagerais.
② 時間が なかったら、テレビを 見ません。
   Si je n'avais pas le temps, je ne regarderais pas la télévision.
③ 安かったら、パソコンを 買いたいです。
   J'aimerais acheter un PC si j'en trouve un pas cher.
④ 暇だったら、手伝って ください。
   Aidez-moi s'il vous plaît si vous êtes libre.
⑤ いい 天気だったら、散歩しませんか。
   S'il fait beau, n'irions-nous pas nous promener?

[Note] Les expressions d'intention, de désir, d'invitation ou de requête, etc. ne peuvent être utilisées dans une proposition principale suivant ~と.

×時間が あると、┌コンサートに 行きます。   (intention)
                ├コンサートに 行きたいです。   (désir)
                ├コンサートに 行きませんか。   (invitation)
                └ちょっと 手伝って ください。 (requête)

2. Vた-forme ら、~(proposition principale)   Quand.../Après.../Une fois...

Cette structure de phrase est utilisée pour exprimer qu'une action sera faite ou une situation arrivera une fois que Vた-forme ら est accompli. Le locuteur est sûr de la réalisation de Vた-forme ら.

⑥ 10時に なったら、出かけましょう。
   Dès qu'il est dix heures, sortons.
⑦ うちへ 帰ったら、すぐ シャワーを 浴びます。
   Je prends une douche dès que je rentre chez moi.

3.
| V て -forme |
| V ない -forme なくて |
| い -adj (～い) → ～くて | も、～(proposition principale) Même si...
| な -adj [な] → ～で |
| N で |

Cette expression est utilisée pour exprimer une condition concessive et opposée. Elle indique que dans la proposition qui suit て -forme も (la proposition principale), quelque chose d'opposé à ce qui est attendu généralement se produit ou bien, ce qui est attendu généralement ne se produit pas.

⑧ 雨が 降っても、洗濯します。　Même s'il pleut, je ferai une lessive.
⑨ 安くても、わたしは グループ旅行が 嫌いです。
　　Je déteste les voyages organisés, même si c'est moins cher.
⑩ 便利でも、パソコンを 使いません。
　　Je n'utiliserai pas d'ordinateur, même si c'est plus pratique.
⑪ 日曜日でも、働きます。　Je travaille même le dimanche.

4. もし

もし est utilisé avec ～たら et sert à annoncer que la phrase en question est au conditionnel. Cela intensifie la conditionnalité exprimée par le locuteur.

⑫ もし 1億円 あったら、いろいろな 国を 旅行したいです。
　　Si j'avais cent millions de yen, j'aimerais voyager dans plusieurs pays.

5. **Sujet dans une proposition subordonnée**

Dans la leçon 16-2, il a été expliqué que le sujet à l'intérieur de la proposition ～てから est marqué par が. De la même manière que ～てから, ～とき, ～と ou ～まえに, le sujet est marqué par が dans la proposition subordonnée construite par ～たら ou ～ても.

⑬ 友達が 来る まえに、部屋を 掃除します。
　　Je vais ranger ma chambre avant que mes amis arrivent. (L.18)
⑭ 妻が 病気の とき、会社を 休みます。
　　Je m'absente du bureau quand ma femme est malade. (L.23)
⑮ 友達が 約束の 時間に 来なかったら、どう しますか。
　　Qu'allez-vous faire si vos amis n'arrivent pas à l'heure convenue? (L.25)

Article 1: Thème et sujet

1. Qu'est-ce que le thème?

La majorité des phrases japonaises a un thème. Le thème se place en début de la phrase et sert à indiquer ce dont on parle dans la phrase. Par exemple, la phrase (1) est à propos de 東京 et indique ce qu'est 東京 par 日本の首都.

(1) 東京は 日本の 首都です。　　Tokyo est la capitale du Japon.

De la même manière, les phrases (2) et (3) parlent respectivement de この部屋 et de わたし.

(2) この 部屋は 静かです。　　Cette chambre est calme.
(3) わたしは 先週 ディズニーランドへ 行きました。
　　Je suis allé à Disneyland la semaine dernière.

Le thème est marqué par は. Cela signifie que, dans une phrase avec un thème, la phrase est composée de deux grandes parties : avant は, appelé thème et après は, appelé commentaire.

(1) 東京は 日本の 首都です。
　　Thème　　　Commentaire

2. Qu'est-ce que le sujet?

Le sujet de la phrase est l'élément le plus important pour le prédicat (verbe, adjectif et nom + です). Par exemple, avec les verbes tels que 飲みます (boire) ou 走ります (courir), le sujet est la personne qui exerce ces actions; avec les verbes tels que います ou あります (il y a), le sujet est la personne ou la chose qui existe; avec les verbes tels que 降ります (pleuvoir) ou 吹きます (souffler), le sujet est l'agent de l'évènement (celui qui pleut, celui qui souffle); avec les adjectifs tels que 大きいです (grand) ou 有名です (célèbre) et les N＋です tels que 学生です (étudiant) ou 病気です (malade), le sujet est la personne ayant l'attribut mentionné, et avec les adjectifs tels que 好きです (aimer) ou 怖いです (avoir peur), le sujet est la personne ayant le sentiment décrit. Donc, dans les exemples ci-dessous, toutes les propositions nominales soulignées sont des sujets de la phrase. Dans une phrase où il n'y a pas de thème, le sujet est indiqué par が.

(4) 太郎が ビールを 飲みました。　　Taro a bu de la bière.
(5) 机の 上に 本が あります。　　Il y a un livre sur le bureau.
(6) きのう 雨が 降りました。　　Il a plu hier.

3. Relations entre le sujet et le thème

Le sujet et le thème sont des concepts distincts mais qui sont intimement liés.

Dans la majorité des phrases ayant un thème, le thème est en même temps le sujet de la phrase. Par exemple, 田中さん(7), 佐藤さん(8) et わたし (9) sont des thèmes de la phrase car ils sont marqués par は mais en même temps, ce sont des sujets (car ils sont propriétaires de l'attribut ou du sentiment).

(7) 田中さんは 有名です。　M. Tanaka est célèbre.
(8) 佐藤さんは 学生です。　Mlle Sato est étudiante.
(9) わたしは 犬が 怖いです。　J'ai peur des chiens.

Bien qu'il soit relativement courant que le thème et le sujet coïncident, il arrive qu'ils ne coïncident pas. Par exemple, dans la phrase (10), この 本 est un thème (car il est marqué par は), mais il n'est pas un sujet (car c'est 田中さん qui effectue l'action de 書きます).

(10) この 本は 田中さんが 書きました。　Ce livre, M. Tanaka l'a écrit.

La phrase (10) peut être considérée comme découlant de la phrase (11) avec la thématisation de この 本を.

(11) 田中さんが この 本を 書きました。　M. Tanaka a écrit ce livre.
(12) この 本をは 田中さんが 書きました。　Ce livre, M. Tanaka l'a écrit.

Dans un premier temps, この 本を est déplacé en tête de la phrase, puis est marqué avec は pour indiquer le thème. Cependant, étant donné que を et は ne peuvent pas être utilisés ensemble, を est supprimé et seulement は reste, ce qui forme la phrase (10).

Notons que les particules outre が et を peuvent être combinées avec は, comme l'illustrent les phrases (13) et (14).

(13) 田中さんには わたしが 連絡します。

Je vais prendre contact avec M. Tanaka.

(14) 山田さんからは 返事が 来ませんでした。

Je n'ai pas reçu de réponse de M. Yamada.

4. Phrases avec thème, phrases sans thème

La majorité des phrases japonaises contiennent un thème, mais il y a des phrases sans thème. Dans les phrases avec un thème, le sujet est exprimé par は, alors que dans les phrases sans thème, が marque le sujet.

Les phrases sans thème sont utilisées dans les cas suivants.

1) Cas où on décrit un évènement tel qu'il est vu, entendu etc.

   Lorsqu'on décrit un évènement tel qu'il est perçu par le biais d'un des cinq sens, les phrases sans thème sont utilisées.

   (15) あっ、雨が降っています。　　Tiens, il pleut.
   (16) ラジオの音が小さいです。　　Le volume de la radio est bas.
   (17) （窓の外を見て）月が きれいだなぁ。

   (*En contemplant l'extérieur par la fenêtre*) La lune est belle.

2) Cas où l'on transmet un évènement de manière objective et cas de début d'une histoire

   Les phrases sans thèmes sont utilisées dans ces cas-là.

   (18) きのう 太郎が 来ました。　　Taro est venu hier.
   (19) 来週 パーティーが あります。

   Il y aura une réception la semaine prochaine.

   (20) むかしむかし ある ところに おじいさんと おばあさんが いました。

   Il était une fois, il y a bien longtemps quelque part, un vieil homme et une vielle dame.

Article 2: **Propositions**

Une proposition est une forme dans laquelle une phrase devient une partie d'une autre phrase.

Par exemple, les parties soulignées de (1) et de (2) sont des propositions, c'est-à-dire, 田中さんが ここへ 来ました et あした 雨が 降ります sont devenues respectivement une partie de la phrase plus longue.

(1) <u>田中さんが ここへ 来た とき</u>、山田さんは いませんでした。

　　Lorsque M. Tanaka est venu ici, Mme Yamada n'était pas là.

(2) <u>あした 雨が 降ったら</u>、わたしは 出かけません。

　　S'il pleut demain, je ne sortirai pas.

Une proposition qui fait partie d'une autre phrase s'appelle une proposition subordonnée. En revanche, la partie qui reste si l'on enlève la proposition subordonnée de la phrase entière est appelée proposition principale.

Une proposition subordonnée a la fonction de détailler le contenu de la proposition principale. Par exemple, dans (2), la proposition subordonnée limite le contenu de la proposition principale, en posant あした 雨が 降ったら comme condition. Selon l'ordre des mots général de la phrase japonaise, la proposition subordonnée précède la proposition principale.

Le sujet de la proposition subordonnée est en général marqué par が, (et non pas par は) sauf pour un sujet de la proposition formée avec 〜が ou 〜けど.

Appendices

1. Nombres

0	ゼロ、れい	100	ひゃく
1	いち	200	にひゃく
2	に	300	さんびゃく
3	さん	400	よんひゃく
4	よん、し	500	ごひゃく
5	ご	600	ろっぴゃく
6	ろく	700	ななひゃく
7	なな、しち	800	はっぴゃく
8	はち	900	きゅうひゃく
9	きゅう、く		
10	じゅう	1,000	せん
11	じゅういち	2,000	にせん
12	じゅうに	3,000	さんぜん
13	じゅうさん	4,000	よんせん
14	じゅうよん、じゅうし	5,000	ごせん
15	じゅうご	6,000	ろくせん
16	じゅうろく	7,000	ななせん
17	じゅうなな、じゅうしち	8,000	はっせん
18	じゅうはち	9,000	きゅうせん
19	じゅうきゅう、じゅうく		
20	にじゅう	10,000	いちまん
30	さんじゅう	100,000	じゅうまん
40	よんじゅう	1,000,000	ひゃくまん
50	ごじゅう	10,000,000	せんまん
60	ろくじゅう	100,000,000	いちおく
70	ななじゅう、しちじゅう		
80	はちじゅう	17.5	じゅうななてんご
90	きゅうじゅう	0.83	れいてんはちさん
		$\frac{1}{2}$	にぶんの いち
		$\frac{3}{4}$	よんぶんの さん

II. Expressions temporelles

jour	matin	soir
おととい avant-hier	おとといの あさ avant-hier matin	おとといの ばん(よる) avant-hier soir
きのう hier	きのうの あさ hier matin	きのうの ばん(よる) hier soir
きょう aujourd'hui	けさ ce matin	こんばん(きょうの よる) ce soir
あした demain	あしたの あさ demain matin	あしたの ばん(よる) demain soir
あさって après-demain	あさっての あさ après-demain matin	あさっての ばん(よる) après-demain soir
まいにち tous les jours	まいあさ tous les matins	まいばん tous les soirs

semaine	mois	année
せんせんしゅう (にしゅうかんまえ) il y a quinze jours	せんせんげつ (にかげつまえ) il y a deux mois	おととし il y a deux ans
せんしゅう la semaine dernière	せんげつ le mois dernier	きょねん l'année dernière
こんしゅう cette semaine	こんげつ ce mois	ことし cette année
らいしゅう la semaine prochaine	らいげつ le mois prochain	らいねん l'année prochaine
さらいしゅう dans deux semaines	さらいげつ dans deux mois	さらいねん dans deux ans
まいしゅう toutes les semaines	まいつき tous les mois	まいとし、まいねん tous les ans

parler de l'heure

heure 一時		minute 一分	
1	いちじ	1	いっぷん
2	にじ	2	にふん
3	さんじ	3	さんぷん
4	よじ	4	よんぷん
5	ごじ	5	ごふん
6	ろくじ	6	ろっぷん
7	しちじ	7	ななふん
8	はちじ	8	はっぷん
9	くじ	9	きゅうふん
10	じゅうじ	10	じゅっぷん、じっぷん
11	じゅういちじ	15	じゅうごふん
12	じゅうにじ	30	さんじゅっぷん、さんじっぷん、はん
?	なんじ	?	なんぷん

jours de la semaine 〜曜日	
にちようび	Dimanche
げつようび	Lundi
かようび	Mardi
すいようび	Mercredi
もくようび	Jeudi
きんようび	Vendredi
どようび	Samedi
なんようび	Quel jour

date					
mois 一月		jour 一日			
1	いちがつ	1	ついたち	17	じゅうしちにち
2	にがつ	2	ふつか	18	じゅうはちにち
3	さんがつ	3	みっか	19	じゅうくにち
4	しがつ	4	よっか	20	はつか
5	ごがつ	5	いつか	21	にじゅういちにち
6	ろくがつ	6	むいか	22	にじゅうににち
7	しちがつ	7	なのか	23	にじゅうさんにち
8	はちがつ	8	ようか	24	にじゅうよっか
9	くがつ	9	ここのか	25	にじゅうごにち
10	じゅうがつ	10	とおか	26	にじゅうろくにち
11	じゅういちがつ	11	じゅういちにち	27	にじゅうしちにち
12	じゅうにがつ	12	じゅうににち	28	にじゅうはちにち
?	なんがつ	13	じゅうさんにち	29	にじゅうくにち
		14	じゅうよっか	30	さんじゅうにち
		15	じゅうごにち	31	さんじゅういちにち
		16	じゅうろくにち	?	なんにち

III. Expressions relatives à la période

durée de temps		
	heure 一時間	minute 一分
1	いちじかん	いっぷん
2	にじかん	にふん
3	さんじかん	さんぷん
4	よじかん	よんぷん
5	ごじかん	ごふん
6	ろくじかん	ろっぷん
7	ななじかん、しちじかん	ななふん
8	はちじかん	はっぷん
9	くじかん	きゅうふん
10	じゅうじかん	じゅっぷん、じっぷん
?	なんじかん	なんぷん

période				
	jour 一日	semaine 一週間	mois 一か月	année 一年
1	いちにち	いっしゅうかん	いっかげつ	いちねん
2	ふつか	にしゅうかん	にかげつ	にねん
3	みっか	さんしゅうかん	さんかげつ	さんねん
4	よっか	よんしゅうかん	よんかげつ	よねん
5	いつか	ごしゅうかん	ごかげつ	ごねん
6	むいか	ろくしゅうかん	ろっかげつ、はんとし	ろくねん
7	なのか	ななしゅうかん	ななかげつ	ななねん、しちねん
8	ようか	はっしゅうかん	はちかげつ、はっかげつ	はちねん
9	ここのか	きゅうしゅうかん	きゅうかげつ	きゅうねん
10	とおか	じゅっしゅうかん、じっしゅうかん	じゅっかげつ、じっかげつ	じゅうねん
?	なんにち	なんしゅうかん	なんかげつ	なんねん

IV. Auxiliaires numéraux

	choses	personnes	ordre	choses fines et plates
		一人	一番	一枚
1	ひとつ	ひとり	いちばん	いちまい
2	ふたつ	ふたり	にばん	にまい
3	みっつ	さんにん	さんばん	さんまい
4	よっつ	よにん	よんばん	よんまい
5	いつつ	ごにん	ごばん	ごまい
6	むっつ	ろくにん	ろくばん	ろくまい
7	ななつ	ななにん、しちにん	ななばん	ななまい
8	やっつ	はちにん	はちばん	はちまい
9	ここのつ	きゅうにん	きゅうばん	きゅうまい
10	とお	じゅうにん	じゅうばん	じゅうまい
?	いくつ	なんにん	なんばん	なんまい

	machines & véhicules	âge	livres & cahiers	vêtements
	一台	一歳	一冊	一着
1	いちだい	いっさい	いっさつ	いっちゃく
2	にだい	にさい	にさつ	にちゃく
3	さんだい	さんさい	さんさつ	さんちゃく
4	よんだい	よんさい	よんさつ	よんちゃく
5	ごだい	ごさい	ごさつ	ごちゃく
6	ろくだい	ろくさい	ろくさつ	ろくちゃく
7	ななだい	ななさい	ななさつ	ななちゃく
8	はちだい	はっさい	はっさつ	はっちゃく
9	きゅうだい	きゅうさい	きゅうさつ	きゅうちゃく
10	じゅうだい	じゅっさい、じっさい	じゅっさつ、じっさつ	じゅっちゃく、じっちゃく
?	なんだい	なんさい	なんさつ	なんちゃく

	fréquence	petites choses	chaussures & chaussettes	maisons
	一回	一個	一足	一軒
1	いっかい	いっこ	いっそく	いっけん
2	にかい	にこ	にそく	にけん
3	さんかい	さんこ	さんぞく	さんげん
4	よんかい	よんこ	よんそく	よんけん
5	ごかい	ごこ	ごそく	ごけん
6	ろっかい	ろっこ	ろくそく	ろっけん
7	ななかい	ななこ	ななそく	ななけん
8	はっかい	はっこ	はっそく	はっけん
9	きゅうかい	きゅうこ	きゅうそく	きゅうけん
10	じゅっかい、じっかい	じゅっこ、じっこ	じゅっそく、じっそく	じゅっけん、じっけん
?	なんかい	なんこ	なんぞく	なんげん

	étages d'un immeuble	choses fines et longues	boissons dans des tasses ou des verres	petits animaux, poissons & insectes
	一階	一本	一杯	一匹
1	いっかい	いっぽん	いっぱい	いっぴき
2	にかい	にほん	にはい	にひき
3	さんがい	さんぼん	さんばい	さんびき
4	よんかい	よんほん	よんはい	よんひき
5	ごかい	ごほん	ごはい	ごひき
6	ろっかい	ろっぽん	ろっぱい	ろっぴき
7	ななかい	ななほん	ななはい	ななひき
8	はっかい	はっぽん	はっぱい	はっぴき
9	きゅうかい	きゅうほん	きゅうはい	きゅうひき
10	じゅっかい、じっかい	じゅっぽん、じっぽん	じゅっぱい、じっぱい	じゅっぴき、じっぴき
?	なんがい	なんぼん	なんばい	なんびき

V. Conjugaison des verbes

Groupe I

	ます-forme		て-forme	forme dictionnaire
会います[ともだちに～]	あい	ます	あって	あう
遊びます	あそび	ます	あそんで	あそぶ
洗います	あらい	ます	あらって	あらう
あります	あり	ます	あって	ある
あります	あり	ます	あって	ある
あります[おまつりが～]	あり	ます	あって	ある
歩きます	あるき	ます	あるいて	あるく
言います	いい	ます	いって	いう
行きます	いき	ます	いって	いく
急ぎます	いそぎ	ます	いそいで	いそぐ
要ります[ビザが～]	いり	ます	いって	いる
動きます	うごき	ます	うごいて	うごく
歌います	うたい	ます	うたって	うたう
売ります	うり	ます	うって	うる
置きます	おき	ます	おいて	おく
送ります	おくり	ます	おくって	おくる
送ります[ひとを～]	おくり	ます	おくって	おくる
押します	おし	ます	おして	おす
思い出します	おもいだし	ます	おもいだして	おもいだす
思います	おもい	ます	おもって	おもう
泳ぎます	およぎ	ます	およいで	およぐ
下ろします[おかねを～]	おろし	ます	おろして	おろす
終わります	おわり	ます	おわって	おわる
買います	かい	ます	かって	かう
返します	かえし	ます	かえして	かえす
帰ります	かえり	ます	かえって	かえる
かかります	かかり	ます	かかって	かかる
書きます(かきます)	かき	ます	かいて	かく
貸します	かし	ます	かして	かす
勝ちます	かち	ます	かって	かつ
かぶります	かぶり	ます	かぶって	かぶる
頑張ります	がんばり	ます	がんばって	がんばる

ない-forme		た-forme	sens	leçon
あわ	ない	あった	rencontrer, voir [un ami]	6
あそば	ない	あそんだ	s'amuser, jouer	13
あらわ	ない	あらった	laver	18
—	ない	あった	avoir	9
—	ない	あった	il y a, exister, se trouver	10
—	ない	あった	[une fête] avoir lieu, se tenir	21
あるか	ない	あるいた	marcher	23
いわ	ない	いった	dire	21
いか	ない	いった	aller	5
いそが	ない	いそいだ	se dépêcher	14
いら	ない	いった	avoir besoin de [un visa]	20
うごか	ない	うごいた	bouger, fonctionner	21
うたわ	ない	うたった	chanter	18
うら	ない	うった	vendre	15
おか	ない	おいた	poser	15
おくら	ない	おくった	envoyer	7
おくら	ない	おくった	(r)accompagner [quelqu'un]	24
おさ	ない	おした	appuyer (sur), presser, pousser	16
おもいださ	ない	おもいだした	se rappeler, se souvenir de	15
おもわ	ない	おもった	penser, croire	21
およが	ない	およいだ	nager	13
おろさ	ない	おろした	retirer [de l'argent]	16
おわら	ない	おわった	se terminer, finir	4
かわ	ない	かった	acheter	6
かえさ	ない	かえした	rendre, rembourser	17
かえら	ない	かえった	rentrer (chez soi), retourner	5
かから	ない	かかった	il faut, cela prend (temps, argent)	11
かか	ない	かいた	écrire, dessiner, peindre	6
かさ	ない	かした	prêter, louer	7
かた	ない	かった	gagner, vaincre	21
かぶら	ない	かぶった	mettre (un chapeau, un bonnet, etc.)	22
がんばら	ない	がんばった	faire de son mieux	25

	ます-forme		て-forme	forme dictionnaire
聞きます	きき	ます	きいて	きく
聞きます[せんせいに〜]	きき	ます	きいて	きく
切ります	きり	ます	きって	きる
消します	けし	ます	けして	けす
触ります[ドアに〜]	さわり	ます	さわって	さわる
知ります	しり	ます	しって	しる
吸います[たばこを〜]	すい	ます	すって	すう
住みます	すみ	ます	すんで	すむ
座ります	すわり	ます	すわって	すわる
出します	だし	ます	だして	だす
立ちます	たち	ます	たって	たつ
使います	つかい	ます	つかって	つかう
着きます	つき	ます	ついて	つく
作ります、造ります	つくり	ます	つくって	つくる
連れて行きます	つれていき	ます	つれていって	つれていく
手伝います	てつだい	ます	てつだって	てつだう
泊まります[ホテルに〜]	とまり	ます	とまって	とまる
取ります	とり	ます	とって	とる
撮ります[しゃしんを〜]	とり	ます	とって	とる
取ります[としを〜]	とり	ます	とって	とる
直します	なおし	ます	なおして	なおす
なくします	なくし	ます	なくして	なくす
習います	ならい	ます	ならって	ならう
なります	なり	ます	なって	なる
脱ぎます	ぬぎ	ます	ぬいで	ぬぐ
登ります、上ります	のぼり	ます	のぼって	のぼる
飲みます	のみ	ます	のんで	のむ
飲みます	のみ	ます	のんで	のむ
飲みます[くすりを〜]	のみ	ます	のんで	のむ
乗ります[でんしゃに〜]	のり	ます	のって	のる
入ります[きっさてんに〜]	はいり	ます	はいって	はいる
入ります[だいがくに〜]	はいり	ます	はいって	はいる
入ります[おふろに〜]	はいり	ます	はいって	はいる

ない-forme	た-forme	sens	leçon
きか ない	きいた	écouter	6
きか ない	きいた	demander [au professeur]	23
きら ない	きった	couper, découper	7
けさ ない	けした	éteindre	14
さわら ない	さわった	toucher [une porte]	23
しら ない	しった	apprendre, faire connaissance	15
すわ ない	すった	fumer [une cigarette]	6
すま ない	すんだ	s'installer, établir son domicile	15
すわら ない	すわった	s'asseoir	14
ださ ない	だした	sortir (quelque chose de), remettre (quelque chose), envoyer (une lettre)	16
たた ない	たった	se mettre debout, se lever	14
つかわ ない	つかった	utiliser	14
つか ない	ついた	arriver	25
つくら ない	つくった	faire, fabriquer, construire	15
つれて いか ない	つれて いった	emmener	24
てつだわ ない	てつだった	aider	14
とまら ない	とまった	descendre [à l'hôtel]	19
とら ない	とった	prendre, passer	14
とら ない	とった	prendre [une photo]	6
とら ない	とった	prendre [de l'âge]	25
なおさ ない	なおした	réparer, corriger	24
なくさ ない	なくした	perdre	17
ならわ ない	ならった	apprendre (par quelqu'un)	7
なら ない	なった	devenir	19
ぬが ない	ぬいだ	enlever (des chaussures, un vêtement, etc.)	17
のぼら ない	のぼった	faire une ascension, monter	19
のま ない	のんだ	boire	6
のま ない	のんだ	boire de l'alcool	16
のま ない	のんだ	prendre [des médicaments]	17
のら ない	のった	prendre [un train]	16
はいら ない	はいった	entrer [dans un salon de thé, un café]	14
はいら ない	はいった	entrer [dans une université]	16
はいら ない	はいった	prendre [un bain]	17

	ます-forme		て-forme	forme dictionnaire
はきます	はき	ます	はいて	はく
働きます	はたらき	ます	はたらいて	はたらく
話します	はなし	ます	はなして	はなす
払います	はらい	ます	はらって	はらう
弾きます	ひき	ます	ひいて	ひく
引きます	ひき	ます	ひいて	ひく
降ります[あめが～]	ふり	ます	ふって	ふる
曲がります[みぎへ～]	まがり	ます	まがって	まがる
待ちます	まち	ます	まって	まつ
回します	まわし	ます	まわして	まわす
持ちます	もち	ます	もって	もつ
持って行きます	もって いき	ます	もって いって	もって いく
もらいます	もらい	ます	もらって	もらう
役に立ちます	やくに たち	ます	やくに たって	やくに たつ
休みます	やすみ	ます	やすんで	やすむ
休みます[かいしゃを～]	やすみ	ます	やすんで	やすむ
呼びます	よび	ます	よんで	よぶ
読みます	よみ	ます	よんで	よむ
わかります	わかり	ます	わかって	わかる
渡ります[はしを～]	わたり	ます	わたって	わたる

ない-forme		た-forme	sens	leçon
はか	ない	はいた	mettre [des chaussures, un pantalon]	22
はたらか	ない	はたらいた	travailler	4
はなさ	ない	はなした	parler	14
はらわ	ない	はらった	payer	17
ひか	ない	ひいた	jouer d'un instrument à cordes (piano, guitare, etc.)	18
ひか	ない	ひいた	tirer	23
ふら	ない	ふった	pleuvoir	14
まがら	ない	まがった	tourner [à droite]	23
また	ない	まった	attendre	14
まわさ	ない	まわした	(faire) tourner	23
もた	ない	もった	porter	14
もって いか	ない	もって いった	emporter	17
もらわ	ない	もらった	recevoir	7
やくに たた	ない	やくに たった	être utile, servir à	21
やすま	ない	やすんだ	se reposer, prendre un congé	4
やすま	ない	やすんだ	s'absenter [du travail]	11
よば	ない	よんだ	appeler	14
よま	ない	よんだ	lire	6
わから	ない	わかった	comprendre	9
わたら	ない	わたった	traverser [un pont]	23

Groupe II

	ます-forme		て-forme	forme dictionnaire
開けます	あけ	ます	あけて	あける
あげます	あげ	ます	あげて	あげる
集めます	あつめ	ます	あつめて	あつめる
浴びます[シャワーを〜]	あび	ます	あびて	あびる
います	い	ます	いて	いる
います[こどもが〜]	い	ます	いて	いる
います[にほんに〜]	い	ます	いて	いる
入れます	いれ	ます	いれて	いれる
生まれます	うまれ	ます	うまれて	うまれる
起きます	おき	ます	おきて	おきる
教えます	おしえ	ます	おしえて	おしえる
教えます[じゅうしょを〜]	おしえ	ます	おしえて	おしえる
覚えます	おぼえ	ます	おぼえて	おぼえる
降ります[でんしゃを〜]	おり	ます	おりて	おりる
換えます	かえ	ます	かえて	かえる
変えます	かえ	ます	かえて	かえる
かけます[でんわを〜]	かけ	ます	かけて	かける
かけます[めがねを〜]	かけ	ます	かけて	かける
借ります	かり	ます	かりて	かりる
考えます	かんがえ	ます	かんがえて	かんがえる
着ます	き	ます	きて	きる
気を つけます	きを つけ	ます	きを つけて	きを つける
くれます	くれ	ます	くれて	くれる
閉めます	しめ	ます	しめて	しめる
調べます	しらべ	ます	しらべて	しらべる
捨てます	すて	ます	すてて	すてる
食べます	たべ	ます	たべて	たべる
足ります	たり	ます	たりて	たりる
疲れます	つかれ	ます	つかれて	つかれる
つけます	つけ	ます	つけて	つける
出かけます	でかけ	ます	でかけて	でかける
できます	でき	ます	できて	できる
出ます[おつりが〜]	で	ます	でて	でる

ない-forme		た-forme	sens	leçon
あけ	ない	あけた	ouvrir	14
あげ	ない	あげた	donner, offrir	7
あつめ	ない	あつめた	collectionner, rassembler, ramasser	18
あび	ない	あびた	prendre [une douche]	16
い	ない	いた	il y a, exister, se trouver (animé)	10
い	ない	いた	avoir [un enfant]	11
い	ない	いた	être, rester [au Japon]	11
いれ	ない	いれた	mettre dans, insérer	16
うまれ	ない	うまれた	naître	22
おき	ない	おきた	se lever, se réveiller	4
おしえ	ない	おしえた	enseigner, apprendre	7
おしえ	ない	おしえた	renseigner [une adresse]	14
おぼえ	ない	おぼえた	retenir, apprendre par cœur	17
おり	ない	おりた	descendre [du train]	16
かえ	ない	かえた	échanger, changer	18
かえ	ない	かえた	changer, modifier	23
かけ	ない	かけた	passer [un coup de téléphone], téléphoner	7
かけ	ない	かけた	mettre [des lunettes]	22
かり	ない	かりた	emprunter	7
かんがえ	ない	かんがえた	réfléchir, penser, considérer	25
き	ない	きた	mettre (une chemise, etc.)	22
きを つけ	ない	きを つけた	faire attention	21
くれ	ない	くれた	(me) donner	24
しめ	ない	しめた	fermer	14
しらべ	ない	しらべた	consulter, chercher, examiner	20
すて	ない	すてた	jeter	18
たべ	ない	たべた	manger	6
たり	ない	たりた	suffir, être suffisant	25
つかれ	ない	つかれた	se fatiguer	13
つけ	ない	つけた	mettre (quelque chose) en marche, allumer	14
でかけ	ない	でかけた	sortir	17
でき	ない	できた	pouvoir, savoir faire	18
で	ない	でた	[la monnaie] être rendue, sortir	23

	ます-forme		て-forme	forme dictionnaire
出ます[きっさてんを～]	で	ます	でて	でる
出ます[だいがくを～]	で	ます	でて	でる
止めます	とめ	ます	とめて	とめる
寝ます	ね	ます	ねて	ねる
乗り換えます	のりかえ	ます	のりかえて	のりかえる
始めます	はじめ	ます	はじめて	はじめる
負けます	まけ	ます	まけて	まける
見せます	みせ	ます	みせて	みせる
見ます	み	ます	みて	みる
迎えます	むかえ	ます	むかえて	むかえる
やめます[かいしゃを～]	やめ	ます	やめて	やめる
忘れます	わすれ	ます	わすれて	わすれる

ない-forme	た-forme	sens	leçon
で ない	でた	sortir [d'un salon de thé, d'un café]	14
で ない	でた	sortir [d'une université]	16
とめ ない	とめた	arrêter, stationner	14
ね ない	ねた	dormir, se coucher	4
のりかえ ない	のりかえた	changer (de train, etc.)	16
はじめ ない	はじめた	commencer	16
まけ ない	まけた	perdre, être vaincu	21
みせ ない	みせた	montrer	14
み ない	みた	voir, regarder	6
むかえ ない	むかえた	accueillir, aller chercher (quelqu'un)	13
やめ ない	やめた	quitter [une entreprise], prendre sa retraite	21
わすれ ない	わすれた	oublier	17

Groupe III

	ます-forme		て-forme	forme dictionnaire
案内します	あんないし	ます	あんないして	あんないする
運転します	うんてんし	ます	うんてんして	うんてんする
買い物します	かいものし	ます	かいものして	かいものする
来ます	き	ます	きて	くる
結婚します	けっこんし	ます	けっこんして	けっこんする
見学します	けんがくし	ます	けんがくして	けんがくする
研究します	けんきゅうし	ます	けんきゅうして	けんきゅうする
コピーします	コピーし	ます	コピーして	コピーする
散歩します[こうえんを～]	さんぽし	ます	さんぽして	さんぽする
残業します	ざんぎょうし	ます	ざんぎょうして	ざんぎょうする
します	し	ます	して	する
します[ネクタイを～]	し	ます	して	する
修理します	しゅうりし	ます	しゅうりして	しゅうりする
出張します	しゅっちょうし	ます	しゅっちょうして	しゅっちょうする
紹介します	しょうかいし	ます	しょうかいして	しょうかいする
食事します	しょくじし	ます	しょくじして	しょくじする
心配します	しんぱいし	ます	しんぱいして	しんぱいする
説明します	せつめいし	ます	せつめいして	せつめいする
洗濯します	せんたくし	ます	せんたくして	せんたくする
掃除します	そうじし	ます	そうじして	そうじする
連れて来ます	つれてき	ます	つれてきて	つれてくる
電話します	でんわし	ます	でんわして	でんわする
勉強します	べんきょうし	ます	べんきょうして	べんきょうする
持って来ます	もってき	ます	もってきて	もってくる
予約します	よやくし	ます	よやくして	よやくする
留学します	りゅうがくし	ます	りゅうがくして	りゅうがくする

ない-forme		た-forme	sens	leçon
あんないし	ない	あんないした	guider, faire visiter	24
うんてんし	ない	うんてんした	conduire	18
かいものし	ない	かいものした	faire les courses	13
こ	ない	きた	venir	5
けっこんし	ない	けっこんした	se marier	13
けんがくし	ない	けんがくした	visiter un lieu pour ses études	16
けんきゅうし	ない	けんきゅうした	faire de la recherche	15
コピーし	ない	コピーした	faire des copies, photocopier	14
さんぽし	ない	さんぽした	se promener [dans un parc]	13
ざんぎょうし	ない	ざんぎょうした	faires des heures supplémentaires	17
し	ない	した	faire	6
し	ない	した	mettre [une cravate]	22
しゅうりし	ない	しゅうりした	réparer	20
しゅっちょうし	ない	しゅっちょうした	faire un voyage d'affaires, voyage professionnel	17
しょうかいし	ない	しょうかいした	présenter	24
しょくじし	ない	しょくじした	prendre son repas	13
しんぱいし	ない	しんぱいした	s'inquiéter	17
せつめいし	ない	せつめいした	expliquer	24
せんたくし	ない	せんたくした	faire la lessive	19
そうじし	ない	そうじした	faire le ménage, nettoyer	19
つれてこ	ない	つれてきた	amener (quelqu'un)	24
でんわし	ない	でんわした	téléphoner	16
べんきょうし	ない	べんきょうした	étudier	4
もってこ	ない	もってきた	apporter (quelque chose)	17
よやくし	ない	よやくした	réserver	18
りゅうがくし	ない	りゅうがくした	étudier à l'étranger	21

監修　Supervision
鶴尾能子（Tsuruo Yoshiko）　石沢弘子（Ishizawa Hiroko）

執筆協力　Collaboration rédactionnelle
田中よね（Tanaka Yone）　澤田幸子（Sawada Sachiko）　重川明美（Shigekawa Akemi）
牧野昭子（Makino Akiko）　御子神慶子（Mikogami Keiko）

フランス語翻訳　Traduction en français
東伴子（Higashi Tomoko）　ソニア・悠希セルミ（Sonia Yuki Selmi）

本文イラスト　Illustration
田辺澄美（Tanabe Kiyomi）　佐藤夏枝（Sato Natsue）

装丁・本文デザイン　Mise en page, couverture
山田武（Yamada Takeshi）

写真提供
栃木県、姫路市、広島県

みんなの日本語　初級Ⅰ　第2版
翻訳・文法解説　フランス語版

1999年 5 月18日　初版第 1 刷発行
2013年 6 月17日　第 2 版第 1 刷発行
2025年 6 月10日　第 2 版第12刷発行

編著者　スリーエーネットワーク
発行者　藤嵜政子
発　行　株式会社スリーエーネットワーク
　　　　〒102-0083　東京都千代田区麹町3丁目4番
　　　　　　　　　　トラスティ麹町ビル2F
　　　　電話　03（5275）2722（営業）
　　　　https://www.3anet.co.jp/
印　刷　倉敷印刷株式会社

ISBN978-4-88319-645-6 C0081
落丁・乱丁本はお取替えいたします。
本書の内容についてのお問い合わせは、弊社ウェブサイト「お問い合わせ」よりご連絡ください。
本書の全部または一部を無断で複写複製（コピー）することは著作権法上での例外を除き、禁じられています。

みんなの日本語シリーズ

みんなの日本語 初級I 第2版
- 本冊(CD付) ………………… 2,750円(税込)
- 本冊 ローマ字版(CD付) …… 2,750円(税込)
- 翻訳・文法解説 …………… 各2,200円(税込)
  英語版／ローマ字版【英語】／中国語版／韓国語版／
  ドイツ語版／スペイン語版／ポルトガル語版／
  ベトナム語版／イタリア語版／フランス語版／
  ロシア語版(新版)／タイ語版／インドネシア語版／
  ビルマ語版／シンハラ語版／ネパール語版
- 教え方の手引き …………… 3,080円(税込)
- 初級で読めるトピック25 …… 1,540円(税込)
- 聴解タスク25 ……………… 2,200円(税込)
- 標準問題集 …………………… 990円(税込)
- 漢字 英語版 ………………… 1,980円(税込)
- 漢字 ベトナム語版 ………… 1,980円(税込)
- 漢字練習帳 …………………… 990円(税込)
- 書いて覚える文型練習帳 …… 1,430円(税込)
- 導入・練習イラスト集 ……… 2,420円(税込)
- CD 5枚セット ……………… 8,800円(税込)
- 会話DVD …………………… 8,800円(税込)
- 会話DVD PAL方式 ……… 8,800円(税込)
- 絵教材CD-ROMブック …… 3,300円(税込)

みんなの日本語 初級II 第2版
- 本冊(CD付) ………………… 2,750円(税込)
- 翻訳・文法解説 …………… 各2,200円(税込)
  英語版／中国語版／韓国語版／ドイツ語版／
  スペイン語版／ポルトガル語版／ベトナム語版／
  イタリア語版／フランス語版／ロシア語版(新版)／
  タイ語版／インドネシア語版／ビルマ語版／
  シンハラ語版／ネパール語版
- 教え方の手引き …………… 3,080円(税込)
- 初級で読めるトピック25 …… 1,540円(税込)
- 聴解タスク25 ……………… 2,640円(税込)
- 標準問題集 …………………… 990円(税込)
- 漢字 英語版 ………………… 1,980円(税込)
- 漢字 ベトナム語版 ………… 1,980円(税込)
- 漢字練習帳 ………………… 1,320円(税込)
- 書いて覚える文型練習帳 …… 1,430円(税込)
- 導入・練習イラスト集 ……… 2,640円(税込)
- CD 5枚セット ……………… 8,800円(税込)
- 会話DVD …………………… 8,800円(税込)
- 会話DVD PAL方式 ……… 8,800円(税込)
- 絵教材CD-ROMブック …… 3,300円(税込)

みんなの日本語 初級 第2版
- やさしい作文 ……………… 1,320円(税込)

みんなの日本語 中級I
- 本冊(CD付) ………………… 3,080円(税込)
- 翻訳・文法解説 …………… 各1,760円(税込)
  英語版／中国語版／韓国語版／ドイツ語版／
  スペイン語版／ポルトガル語版／フランス語版／
  ベトナム語版
- 教え方の手引き …………… 2,750円(税込)
- 標準問題集 …………………… 990円(税込)
- くり返して覚える単語帳 …… 990円(税込)

みんなの日本語 中級II
- 本冊(CD付) ………………… 3,080円(税込)
- 翻訳・文法解説 …………… 各1,980円(税込)
  英語版／中国語版／韓国語版／ドイツ語版／
  スペイン語版／ポルトガル語版／フランス語版／
  ベトナム語版
- 教え方の手引き …………… 2,750円(税込)
- 標準問題集 …………………… 990円(税込)
- くり返して覚える単語帳 …… 990円(税込)

- 小説 ミラーさん
  —みんなの日本語初級シリーズ—
- 小説 ミラーさんII
  —みんなの日本語初級シリーズ—
  …………………… 各1,100円(税込)

スリーエーネットワーク

ウェブサイトで新刊や日本語セミナーをご案内しております。
https://www.3anet.co.jp/